PRINCE SIXTE DE BOURBON

La Dernière Conquête du Roi

— Alger 1830 —

AVEC UN HORS-TEXTE
ET UNE CARTE DES OPÉRATIONS, EN COULEURS

II

NOUVELLE COLLECTION
HISTORIQUE
CALMANN-LÉVY, Éditeurs

La Dernière Conquête du Roi

— Alger 1830 —

II

ŒUVRES

DE

S. A. R. Mgr LE PRINCE SIXTE DE BOURBON

LE TRAITÉ D'UTRECHT ET LES LOIS FONDAMENTALES DU ROYAUME. (Thèse pour le Doctorat en Droit.) Paris, Champion, 1914.

> *(De cet ouvrage, il a été tiré une édition de luxe à 300 exemplaires numérotés.)*

LA SYRIE ET LA FRANCE. Paris, Émile-Paul, 1919.

CHAMBORD ET LA MAISON DE FRANCE. Paris, Champion, 1920.

L'OFFRE DE PAIX SÉPARÉE DE L'AUTRICHE. Paris, Plon, 1920.

Traduit en anglais : AUSTRIA'S PEACE OFFER. London, Constable, 1921.

LA REINE D'ÉTRURIE (1782-1824). Nouvelle Collection historique. Calmann-Lévy, Paris, 1928.

PRINCE SIXTE DE BOURBON

La Dernière Conquête du Roi

— Alger 1830 —

II

NOUVELLE COLLECTION
HISTORIQUE

CALMANN-LÉVY, Éditeurs
3, Rue Auber, PARIS

1930

LA
DERNIÈRE CONQUÊTE DU ROI

CHAPITRE IX

LE DÉBARQUEMENT A SIDI-FERRUCH

La nuit du 13 au 14 juin 1830. — Débarquement. — Le drapeau blanc
est arboré sur la tour de Sidi-Ferruch. — L'armée se porte en avant. —
Formation du camp. — Alerte de nuit.
Le baron d'Haussez annonce au Roi l'heureux débarquement. — Joie en
France. — Seule la presse d'opposition n'est pas satisfaite. — Son attitude
peu patriotique.
La situation à Alger. — Intrigues de palais et complots. — L'armée de la
Régence. Alger se prépare à la guerre. — La campagne vue par un captif :
les Mémoires de Simon Pfeiffer. — La flotte française défile devant Alger.
Combats devant Sidi-Ferruch. — Tempête : elle menace de détruire la flotte.
— Les retards des convois rendent la situation difficile. — La vie au camp.

Veille d'armes, personne ne dormit à bord dans la
nuit du 13 au 14 juin 1830. Le temps était magnifique.
Une lune tombante, des étoiles lointaines, presque
cette obscure clarté de la nuit du Cid ; seulement immobiles à l'ancre, les grands vaisseaux, tous leurs feux de
position allumés, rougeoyaient la mer dont pas une
vague ne ridait la surface.

L'amiral avait confié la direction du débarquement au

capitaine de vaisseau baron Hugon. Les capitaines de frégate Remquet, Salvy, Casy, et le lieutenant de vaisseau Lefebvre commandaient les quatre lignes de la flottille qui mènerait l'armée à terre.

L'honneur de débarquer la première échut à la division Berthezène; chacune des deux brigades Poret de Morvan et Achard mettait trois bataillons en première ligne. Huit embarcations, remorquées par un canot de quinze rameurs, sous le commandement d'un officier de marine portaient un bataillon.

A minuit précise, les embarcations accostèrent aux coupées des navires. Les hommes avaient reçu l'équipement complet et cinq jours de vivres de réserve. On leur avait défendu de charger les armes, de peur que, dans la hâte du débarquement, une fusillade maladroite ne vînt jeter le désordre dans les rangs. Les capotes se portaient roulées autour du cou, les gibernes à cartouches placées sous celles-ci de façon à les garantir de l'eau.

L'ardeur des soldats était extrême; ils s'interpellaient, riaient et plaisantaient, malgré la consigne du silence que les officiers de marine cherchaient à faire observer.

L'embarquement s'opéra si rapidement que la flottille, en ordre de combat, dut attendre le long des vaisseaux le signal du bâtiment amiral. Enfin le jour commença à poindre. Soudain un coup de canon, parti de la *Provence*, éclaira la mer de son feu rouge. Au commandement de leurs officiers, les rameurs appuyèrent sur leurs avirons, et les quatre lignes se mirent en marche vers la côte d'Afrique, escortées par les bâtiments à vapeur le *Sphinx* et le *Nageur*.

Le détachement de la brigade Poret de Morvan se

composait du 1ᵉʳ bataillon du 2ᵉ léger dont le drapeau était porté par le capitaine Changarnier ; du 1ᵉʳ bataillon du 3ᵉ de ligne, et du 1ᵉʳ bataillon du 4ᵉ léger, ce dernier au centre avec le général. Le commandant de l'artillerie, général de La Hitte, avait également pris place dans un canot avec son état-major, pour surveiller en personne le débarquement des premières pièces.

Les historiens romantiques nous ont donné une image poétique, mais inexacte, de ce tableau militaire. Ils décrivent les hommes, graves, massés dans les barques, toute l'armée enveloppée d'un silence profond, au milieu des ténèbres qu'éclaire faiblement le croissant symbolique au-dessus des collines d'Alger. Il est évident que cette image ne peut être conforme à la vérité. L'agitation et l'ardeur étaient non moins grandes chez les soldats que chez les chefs. « Marins et soldats faisaient un bruit épouvantable », raconte le capitaine d'état-major Rozet[1]. L'enthousiasme juvénile du vieux colonel d'Armaillé, commandant le 14ᵉ de ligne, était tel que malgré ses soixante-huit ans, il sauta le premier dans la mer et faillit se noyer.

Des marins bons nageurs avaient été désignés pour mesurer le fond. Quand ils virent que l'eau n'arrivait plus qu'à mi-corps les soldats se précipitèrent hors des barques, et, tenant haut fusils et gibernes, hardiment coururent à la plage. C'était à qui arriverait avant les autres sur le sol d'Afrique.

Le grand canot de l'*Algésiras*, commandé par l'en-

<hr>

1. *Relation de la guerre d'Afrique* par M. Rozet, capitaine au Corps royal d'état-major. 2 vol. Paris, Didot, 1832, I, 115.

seigne de vaisseau Condé, remorquait les chalands qui transportaient la compagnie de carabiniers du 4e léger, capitaine Paté[1]. C'est lui qui, le premier, aborda la côte. Condé avait détaché de l'arrière du canot le pavillon royal ; il se jeta à l'eau, et parvint à la plage en même temps que l'officier de carabiniers qui portait le fanion de la compagnie, unissant ainsi dans un même geste heureux les combattants des armées de terre et de mer[2].

Il était environ 4 heures du matin. Parvenue au rivage, l'infanterie se forma en colonnes par bataillons, tandis que les tirailleurs, s'avançant rapidement, entrèrent dans la batterie rasante qu'ils trouvèrent abandonnée.

A cette nouvelle, le général Achard lança le bataillon du 37e vers la tour de Sidi-Ferruch. Les tirailleurs s'y rencontrèrent avec la compagnie du génie de la brigade Poret de Morvan, que ce général avait envoyée reconnaître s'il existait des mines. Il n'y en avait pas trace ; tirailleurs et sapeurs enfoncèrent la porte à coups de haches[1] et pénétrèrent dans la tour.

Non sans difficultés ils parvinrent au sommet. Il leur fallut se hisser à 50 ou 60 pieds de hauteur, dans une sorte de cheminée où pendait une échelle à cordes. Sur la plate-forme supérieure, dans les embrasures, se trouvaient des canons de fer ou de bronze, du calibre de 3. Rongés par la rouille, les boulets étaient amassés en tas dans les

---

1. Devint plus tard général de division.
2. Arch. Guerre. Algérie. Correspondance avril-juin 1830. 15 juin 1830.
3. Arch. du Dépôt des fortifications. *Notice sur les travaux exécutés par la compagnie de mineurs du 1er régiment de génie, pendant son séjour à Sidi-Ferruch.*

angles [1]. Bientôt le drapeau blanc, arboré au sommet de la tour, marqua la prise de possession du premier ouvrage algérien [2].

Pendant ce temps, les deux brigades s'étaient avancées jusque vers la gorge de la presqu'île. Quelques Arabes, embusqués derrière les buissons, ouvrirent le feu, mais se replièrent presque aussitôt sur leurs batteries qui commencèrent à tirer. Le 14e de ligne dut s'abriter derrière les dunes, en attendant que nos canons fissent taire les pièces turques.

Le débarquement de l'artillerie, 2 obusiers et 12 canons de campagne, s'était effectué avec la plus grande facilité. Les canonniers avaient tiré à bras les pièces et les caissons jusque sur le mamelon qui commande la presqu'île en face de la tour de Sidi-Ferruch. Le général de La Hitte avait dirigé la manœuvre et suivi ses batteries jusqu'à la position d'où, maintenant, elles ouvraient le feu. Des fusils de rempart étaient en ligne et leur tir incommodait visiblement les Turcs.

L'armée navale avait détaché les bricks la *Bayonnaise*, l'*Actéon* et la *Badine* dans la baie est, pour prendre à revers les batteries ennemies.

Vers 5 heures du matin, la situation se présentait excellente : les deux premières brigades de la division Berthezène occupaient toute la presqu'île de Sidi-Ferruch ; la troisième (Clouet) suivait, et déjà commençait

---

1. *Description de Sidi-Ferruch et voyage de ce cap à Alger* par M. le chevalier Préaux, commandant des compagnies expéditionnaires du régiment d'artillerie de marine à l'armée d'Afrique (*Annales maritimes et coloniales*, T. XLIII, année 1830, II, 2, p. 221).
2. Voir à l'Annexe p. 217.

le débarquement de la 2e division, commandée par le général de Loverdo. Opérée en plein jour, elle se fit encore plus rapidement, si bien que les trois divisions avaient quitté les vaisseaux avant le soir. L'effort de la marine fut au-dessus de tout éloge. Travaillant depuis minuit, les marins arrivèrent à mettre à terre plus de 30 000 hommes dans la journée, sans une seule embarcation chavirée, sans perdre un homme, pendant que l'artillerie de bord, tirant par-dessus les chaloupes et les troupes, apportait une aide efficace au feu de l'infanterie.

Sur la *Provence*, Bourmont suivait impassible les différentes phases de l'opération, du haut de la passerelle de commandement.

Les derniers fantassins de Loverdo quittaient le bord quand le général en chef, après avoir pris congé de l'amiral Duperré, s'embarqua dans le canot amiral. Quelques minutes plus tard, il prenait terre sur les rochers de l'extrême pointe de la presqu'île, suivi du général Desprez et de tout son état-major. Celui-ci, fort nombreux, comprenait non seulement les officiers d'état-major proprement dits, mais de jeunes officiers de grandes familles qui, faute de places dans les régiments, avaient obtenu de faire la campagne à la suite du général en chef. Avec eux se trouvaient les officiers étrangers, le prince de Schwarzenberg, Mansell, Filosovoff... Ils étaient tous à pied, chargés comme les soldats de leurs armes et bagages. Spectacle singulier que celui de ces beaux officiers empanachés, éperonnés, armés de sabres et de pistolets, ployant sous le faix de musettes remplies de vivres, de cartes, de papiers. Dans le sable et les broussailles, les officiers d'ordonnance portant des ordres couraient sous le soleil africain à la grande joie des troupiers.

Après quoi le général se porta à la gorge de la presqu'île où le commandant de la 1re division vint prendre ses ordres.

En face de la ligne des tirailleurs, le terrain couvert d'herbes sèches et de petites dunes s'élevait en pente douce jusqu'au faîte où deux batteries turques tiraient sans discontinuer. L'avantage de la position leur laissait pleine vue sur nos pièces ; les coups trop longs venaient ricocher jusque sur la plage de débarquement. Le général en chef se plaça sur un mamelon, ayant à ses côtés les généraux Berthezène et Desprez. Son état-major était massé derrière lui. Sans doute la vue des uniformes chamarrés attira-t-elle l'attention des artilleurs turcs qui ouvrirent le feu sur le petit groupe d'officiers. Du premier coup, un boulet de gros calibre vint frapper la terre devant les trois généraux et les couvrait de sable et de poussière. Très émus, les aides de camp se précipitèrent en avant ; ils les croyaient morts ou grièvement blessés. Mais Bourmont, s'époussetant avec nonchalance : « Ce n'est rien, messieurs, leur dit-il, continuons », et il poursuivit sa conversation avec son chef d'état-major.

Avant de marcher à l'ennemi avec les deux brigades qui se trouvaient à pied d'œuvre, le général voulait attendre le débarquement de la troisième qui devait les remplacer sur la ligne de départ. A 7 heures, le général Clouet arrivait avec les 20e et 28e de ligne.

L'ordre d'attaque prescrivait aux deux premières

brigades d'enlever les batteries turques, le général Achard de front, pendant que Poret de Morvan les tournerait en manœuvrant sur la droite.

Le général en chef avait interdit de la façon la plus formelle de poursuivre l'ennemi au delà de la zone prévue ; sage mesure que les soldats et même des officiers entraînés par l'ardeur du combat enfreignaient trop souvent au début pour y trouver la mort.

La 1re brigade partit en avant ; en tête, le colonel Bosquillon de Frescheville, commandant le 1er régiment de marche. L'infanterie avançait lentement, en ordre, fouillant les broussailles et le maquis, quand tout à coup apparurent les premiers cavaliers ennemis. Ils étaient 5 à 600, et leur charge déréglée fut un spectacle tout nouveau pour l'armée. Au grand galop, brandissant leurs fusils, ils s'approchaient de la ligne, faisaient feu, puis repartaient ventre à terre. La troupe avait été mise en garde contre cette tactique inconnue en Europe ; aussi accueillit-elle avec calme l'ennemi. Accroupis derrière les dunes, nos soldats attendaient la charge, visaient lentement et s'applaudissaient quand un burnous blanc vidait les étriers[1].

Arrivé à mille mètres du plateau où se trouvait l'artillerie, le 1er de marche, suivi du 3e de ligne, colonel Roussel, se jeta à droite et descendit les pentes du mamelon sur lequel passe la route d'Alger à Sidi-Ferruch. Aussitôt la brigade Achard se déploya en colonnes par division, à distance de peloton. Cette disposition lui permettait en cas d'attaque de cavalerie de former rapi-

---

1. Le *Journal de marche du 23e de ligne*, conservé aux Archives de la Guerre, est plein de menus faits de guerre qui mériteraient d'être rappelés.

dement des carrés, tout en avançant par échelons, et en offrant une cible moins compacte au tir de l'ennemi. Le feu des Turcs redoublait à la vue de l'attaque imminente. Par chance leurs canonniers ne purent ou ne surent dépointer assez rapidement les pièces qui continuaient à battre la presqu'île; au-dessus des colonnes les boulets passaient en vrombissant. L'artillerie des vaisseaux, qui voyait se dessiner l'assaut d'infanterie, augmentait également son feu, notamment dans la baie de l'ouest, où les pièces du *Sphinx* et du *Nageur* balayaient les lignes arabes.

Arrivés à petite distance des positions, le maréchal de camp Achard donna l'ordre au colonel d'Armaillé de s'arrêter pour laisser souffler ses hommes et reformer sa ligne. Quelques instants après, les voltigeurs en avant, le 14e gravit rapidement les pentes et fondit au pas de charge sur les batteries d'où les Turcs s'enfuirent au premier choc. Derrière ses tirailleurs, débouchait le gros du régiment dont les hommes restèrent tout décontenancés en trouvant les canons abandonnés. Sans perdre une minute, l'infanterie prit alors position sur la crête, le 37e de ligne suivant le 14e, et se plaçant à sa gauche.

La brigade Poret de Morvan avait également manœuvré avec beaucoup d'allant et de précision, en exécutant son mouvement tournant par le flanc gauche de l'ennemi. La marche des deux brigades s'était conjuguée si parfaitement que les éléments de tête de la 1re brigade couronnèrent le mamelon en même temps que les voltigeurs du 14e de ligne abordaient de face la grande batterie.

Mais ici, l'ennemi ne s'attendait pas à être attaqué,

si bien que lorsque le sous-lieutenant Charles de Bourmont, troisième fils du général en chef, qui servait comme
aide-major au 3e de ligne, et Bessières, également sous-
lieutenant au même régiment, entrèrent, le sabre au
clair, dans la position, les artilleurs turcs, déchargeant
précipitamment leurs pièces, s'enfuirent sans opposer
de résistance.

Conquise la ligne des mamelons, les troupes voyaient
à leurs pieds toute la presqu'île de Sidi-Ferruch et la
plage, protégées dorénavant des vues directes de l'ennemi.
Celui-ci opérait sa retraite en désordre vers le plateau
de Staouéli où se trouvaient les camps principaux de
son armée.

Il n'était encore que 10 heures du matin, mais la journée avait déjà été longue pour le soldat. Les pertes
heureusement ne furent que de 32 tués et blessés. Parmi
ces derniers, le rapport officiel du général en chef mentionne l'héroïsme du fusilier Ceroni du 14e de ligne, qui
fut récompensé par la croix de la Légion d'honneur.
Un seul officier avait été tué, et encore était-ce par sa
faute. En dépit des ordres, le lieutenant Astruc[1], du
2e léger, s'était élancé avec quelques hommes à la poursuite des fuyards, tenté, comme beaucoup de nos soldats,
par les fanions multicolores que brandissaient les cavaliers, et qu'ils prenaient pour de véritables drapeaux.
Attiré loin des lignes, l'officier s'était vu rapidement
enveloppé par les cavaliers ennemis; armé d'un fusil,
il fit vaillamment tête, secondé par le fourrier Courtois
et le caporal Remié. Le lendemain, des patrouilles

1. Astruc (Pierre-Hippolyte), né en 1785, vieux soldat de l'Empire, nommé
sous-lieutenant en 1813, après sept ans de services, et lieutenant en 1823.

découvrirent dans la plaine les corps des trois malheureux. Les Arabes leur avaient coupé la tête, ainsi que les mains et les pieds de l'officier. Heureusement les marques des nombreux coups de feu et de baïonnettes sur les corps témoignaient que ces mutilations n'avaient été infligées qu'à des cadavres [1].

Le débarquement continuait à s'opérer avec une rapidité extrême au son du canon et de la fusillade. Au fur et à mesure de leur arrivée à terre les brigades montaient rapidement vers les hauteurs conquises et s'installaient dans les positions désignées d'avance.

La ligne française dessinait alors un vaste demi-cercle appuyé des deux côtés à la mer. A l'extrême gauche, le front était défendu par trois bricks mouillés dans la baie est. Bordant la plage, le maréchal de camp Colomb d'Arcine, avait déployé ses régiments sur deux lignes, à faible distance l'une de l'autre. Sur le même alignement et à droite, le 20ᵉ d'infanterie, formé en colonnes par division, soutenait le 28ᵉ, en flèche sur l'extrémité nord des mamelons de gauche et séparé par une large vallée des dunes qui longent la mer ; position difficile et fâcheuse, et qui occasionnera de lourdes pertes à ce vaillant régiment.

Le maréchal de camp baron Clouet reliait sur la droite les avant-postes du 28ᵉ à ceux du 37ᵉ de la brigade Achard qui, avec Poret de Morvan, formait le centre de la ligne. Achard avait disposé ses deux régiments en carrés et mis en batterie 2 obusiers de 24 devant le front du 14ᵉ de ligne. Un petit retranchement couronnait

1. *Journal de marche du 79ᵉ d'infanterie* (ex 4ᵉ léger), Arch. Guerre.

le sommet du grand mamelon central. Poret de Morvan avait également protégé son front par de l'artillerie et des retranchements, tandis que son voisin de droite, le général Damrémont, qui se trouvait au milieu des broussailles, avait dû placer en avant et sur sa droite 4 compagnies de voltigeurs pour empêcher les infiltrations possibles des Arabes. Enfin l'extrême droite de l'armée était tenue par les deux régiments de la brigade Monk d'Uzer dont le front était couvert par l'Oued Bridja jusque dans les dunes qui bordent la mer.

La 3ᵉ division, commandée par le duc des Cars, formait réserve générale d'armée. A elle incombait la tâche de protéger les travailleurs du génie qui, sous les ordres du général de Valazé, avaient commencé dès midi à creuser les retranchements du camp. Le génie avait prévu cet ouvrage dans le plan général; il avait, pour cela, pris ses dispositions si parfaitement qu'en peu de jours les fortifications mettaient Sidi-Ferruch à l'abri de toute attaque. Leur longueur était de 1480 pas, et leur défense assurée par 24 pièces de 8 et 12 canons montés sur affûts marins [1], disposés dans 5 bastions dont les feux se croisaient.

Le camp fut ainsi gardé comme un ouvrage de première ligne jusqu'après la bataille de Staouéli. Les compagnies dans les postes en dehors des portes bivoua-

----

1. *Description de la tête de débarquement à Torre-Chica*, par le chevalier Préaux. (*Annales Maritimes et Coloniales*, t, XLIII.) Préaux était chef de bataillon d'artillerie de marine, et comme tel, eut le commandement des fortifications de Sidi-Ferruch et celui de la place après le départ du colonel Léridant. Il existe au musée de l'Armée (Hôtel des Invalides) un plan de la reconnaissance de la presqu'île de Sidi-Ferruch, établi par les ingénieurs géographes du corps expéditionnaire (14-23 juin 1830).

quaient sous les armes, et l'artillerie de marine couchait près des pièces. Le colonel Léridant, du 48e de ligne, était commandant supérieur de la place.

Les soldats suivaient avec intérêt la création du camp. Les dispositions sérieuses et rapides que prenait le commandement inspiraient confiance et confirmaient le grand principe « qu'une retraite assurée équivaut presque à un succès et généralement le prépare ».

A l'abri des retranchements, les innombrables caisses de ravitaillement et de matériel s'accumulaient sur la plage. L'intendance de l'armée fut admirable; son chef, l'élégant baron Denniée, célèbre par son amitié pour la Malibran et qui, dans les salons de Paris, passait pour un beau parleur, se montra grand administrateur. Sur la grève, des petits fanions multicolores désignaient les emplacements des parcs à fourrages, dépôts de tentes, hôpitaux, pharmacies, des vivres... Dès le premier jour, les fours de campagne étaient installés; les vivandières débarquaient parmi les joyeux appels des hommes.

Il leur fallait des abris; les soldats s'empressaient d'abattre les quelques arbres pour en faire des tonnelles garnies de feuillages où l'on pût boire frais. Tout bois était bon pour eux, si bien qu'en un clin d'œil il ne resta même plus un buisson. Il fallut un ordre spécial pour sauver le grand palmier qui, derrière le marabout, donnait au paysage l'aspect oriental que peintres et dessinateurs ont rendu à l'envi.

Bourmont s'était installé dans la tour de Sidi-Ferruch, en attendant que le génie achevât la construction d'une baraque. Au sommet de la plate-forme, le télégraphe correspondait avec la flotte.

La nuit tomba enfin sur les troupes harassées. Les deux divisions avancées formèrent leurs régiments en carrés, doublant et triplant toutes les mesures de surveillance. Les récits les plus invraisemblables avaient circulé dans l'armée; on se racontait que les Arabes réussissaient à se faufiler nuitamment dans les carrés les mieux gardés pour tuer et piller.

Au crépuscule, le général en chef avait envoyé les musiques des régiments rassemblées sur le front de bandière jouer les airs nationaux, parmi lesquels le *Vive Henri IV!* était le plus populaire. Puis, les grand'gardes placées et la retraite battue, officiers et soldats s'étendirent sur le sol, roulés dans leurs manteaux.

La nuit était calme et humide. Subitement, vers deux heures du matin, l'alerte éclata violente. Sur la gauche de la 1re division, un cheval s'étant échappé, la sentinelle cria : « Aux armes! » et fit feu. Les 20e et 29e prirent les armes et commencèrent à tirailler, même dans l'intérieur des carrés où ils s'imaginaient voir des Arabes. Les coiffes blanches des képis leur semblaient des burnous. Bientôt la fusillade se propagea de brigade en brigade jusqu'à atteindre le 15e de ligne qui tenait l'extrême droite du front de bataille. Avec beaucoup de peine les officiers rétablirent l'ordre. Le commandant Gasquet, du 14e de ligne, eut le premier l'idée de faire exécuter par ses tambours les batteries réglementaires. Ce roulement familier calma la nervosité des soldats et le feu cessa; malheureusement 3 ou 4 soldats avaient été tués et une dizaine blessés.

Dans la nuit, le *Sphinx* avait appareillé pour porter en France les rapports du général de Bourmont et de l'amiral Duperré. Le premier narrait très froidement les événements; le récit de l'amiral, écrit dans des conditions de plus grand confort s'étend davantage sur les particularités de cette journée mémorable :

« La Providence a favorisé d'un succès complet les premières opérations de l'entreprise glorieuse ordonnée par Sa Majesté; le pavillon du Roi flotte sur le fort de Sidi-Ferruch et la tour de Torre-Chica.

» Parti de la baie de Palma le 10 de ce mois, avec la flotte sous mon commandement, dont j'étais parvenu à rallier les éléments séparés par les mauvais temps qui l'avaient assaillie, en vue de la côte d'Afrique, pour la première fois le 31 du mois dernier, je l'ai abordée de nouveau le 12 au matin. De forts vents d'est-nord-est et une grosse mer m'ont forcé une seconde fois à prendre le large en conservant la flotte ralliée. Hier matin 13, le vent était encore frais de la partie de l'est, mais la mer était peu houleuse. Ce premier moment de répondre à la confiance de Sa Majesté m'a paru propice; je l'ai saisi... Ce matin, à 4 heures et demie, la première division de l'armée a été mise à terre avec 8 pièces de campagne sous le feu de l'artillerie ennemie qui a produit peu d'effet. Un marin de la *Surveillante* a eu la cuisse emportée; M. Dupont, lieutenant de vaisseau, a reçu une forte contusion par un boulet mort. Il ne m'est parvenu aucun autre rapport. L'artillerie des corvettes, placées dans l'est de Torre-Chica, a été bien servie et d'un bon effet sur les batteries ennemies; deux matelots, en sautant à terre, ont arboré le pavillon du Roi sur le fort et la tour [1]. A 6 heures, la seconde

1. Voir à l'Annexe, p. 217.

division et toute l'artillerie de campagne était à terre ;
à 6 heures et demie, le général en chef a débarqué à
la tête de ses troupes ; il a exécuté de suite un mouvement
pour tourner les batteries de l'ennemi, qui ont été enlevées après diverses attaques contre des masses de cavalerie. L'armée était entièrement débarquée vers midi ;
elle occupe les hauteurs qui sont en avant de la presqu'île,
et le quartier général est établi à Torre-Chica ; munitions, vivres, approvisionnements, etc., ont été débarqués, et l'opération va se continuer avec toute l'activité
possible. La baie de Torre-Chica ou de Sidi-Ferruch
offre à la flotte beaucoup plus d'abri que je n'osais l'espérer, bien qu'elle soit ouverte aux vents de l'est à l'ouest
par le nord ; la tenue doit y être bonne, et les bâtiments
doivent tenir sur leurs chaînes.

» Chacun a fait son devoir et s'estime trop heureux
si le Roi trouve que la marine a répondu à sa confiance [1]. »

La nouvelle de l'heureux débarquement arrivait bientôt à Toulon d'où le télégraphe la transmettait d'abord
à Paris, puis à toutes les autorités du royaume. Naturellement le Midi en eut la primeur. Sous cet heureux climat,
ni le télégraphe ni même les contre-amiraux ne sont
muets, et la joie y fut extrême. L'inquiétude toute naturelle qui, depuis plusieurs jours, pesait sur les populations, venait de se dissiper, et, à Marseille surtout,
le commerce saluait avec enthousiasme la reprise prochaine de la libre navigation méditerranéenne.

A Paris, le baron d'Haussez s'était, à l'annonce de la

---

1. Vaisseau la *Provence*, baie de Torre-Chica, le 14 juin 1830. Le vice-
amiral commandant en chef de l'armée navale à Son Excellence le ministre
de la Marine.

nouvelle, jeté dans sa voiture pour se rendre au plus tôt à Saint-Cloud. Introduit immédiatement auprès du Roi : « Sire, dit-il, l'armée a heureusement débarqué. » Charles X ne cacha pas sa joie profonde. D'Haussez avait contribué avec une énergie singulière à la préparation maritime de l'expédition. Pour cela, Charles X qui aimait à faire plaisir voulut que son ministre lui-même portât immédiatement la nouvelle du beau succès à la famille royale.

« Allez, lui dit-il, je veux que cette bonne nouvelle soit portée par vous-même aux princes. »

Il y avait à ce moment à Saint-Cloud toute la famille royale, sauf la duchesse d'Angoulême.

Un violent orage venait d'éclater. Le Dauphin, imperturbable malgré l'averse, se promenait dans l'allée des marronniers qui longeait le grand cabinet du rez-de-chaussée. D'Haussez le rejoignit. L'orgueil de la victoire se peignit un instant sur la figure d'ordinaire mélancolique de l'héritier du trône. Ce ne fut qu'un éclair. Puis il reprit son masque impénétrable et questionna longuement le ministre. En prenant congé, le baron d'Haussez fit demander audience à la duchesse de Berry. La pluie avait cessé et la princesse était sortie dans le jardin. En quelques lignes charmantes le ministre raconte la réception que lui fit la mère de Henri V :

« Admis chez madame la duchesse de Berry, je la trouvai dans son parterre, occupée à tailler des rosiers. Sa robe était relevée avec des épingles ; une de ses dames, la comtesse de Noailles, tenait sur sa tête un parapluie qui semblait ne l'avoir qu'imparfaitement abritée.

» — Voilà monsieur d'Haussez, s'écria la princesse.

Je suis sûre qu'il vient m'annoncer une bonne nouvelle.

» — Votre Altesse Royale a deviné l'objet de ma visite ; l'armée a débarqué le plus heureusement du monde.

» — Je m'en veux bien d'avoir une main de jardinière, j'aurais eu du plaisir à la mettre dans la vôtre.

» — J'ose supplier Votre Altesse Royale de ne pas me refuser une faveur si précieuse.

» — Tenez, me dit-elle ; puis elle ôta son gant et me donna sa main à baiser.

» Madame est tout entière dans cet accueil, avec cette saillie de cœur toujours prêt à éclater. »

La joie était sincère et universelle. Depuis le Roi dont la fierté ancestrale s'enorgueillissait d'une nouvelle victoire, jusqu'à l'humble chanteur de complaintes du Pont-Neuf, Paris et la France connurent des jours ensoleillés.

Les journaux dévoués au gouvernement publièrent *in extenso* les rapports Bourmont et Duperré, applaudissant à la victoire des armées.

Cependant l'opposition restait irréductible et refusait de prendre part aux réjouissances générales. Pour elles, il n'y avait qu'un ennemi : Polignac, et derrière Polignac, le Roi. La victoire ne faisait pas son affaire ; périssent les meilleurs fils de France, pourvu que le ministère Polignac pérît avec eux.

Le *Globe* qui, depuis le 1er mars, était devenu quotidien, accusait le ministère de falsifier les dépêches et les nouvelles de l'expédition et d'apporter un long retard à les publier. Ces sortes de reproches, l'opposition de tous les temps et de tous les pays les a toujours employés quand elle n'a rien à dire.

Le *Journal des Débats*, — *o tempora, o mores!...* — accepta l'événement, mais en balança mélancoliquement l'heur et le malheur. Il exalta l'amiral Duperré pour accuser davantage le ministre[1]. Dévotement il se tut sur Bourmont; toujours la même formule rituelle : tout pour Duperré, rien pour Bourmont! Et le journal reprenait, continuait, inlassable, ses diatribes quotidiennes contre le prince de Polignac qui, disait-il, voulait détruire la Charte par son succès en Afrique.

La nouvelle tactique de la presse d'opposition était de ne point donner de nouvelles d'Alger. Tant que l'expédition restait incertaine, elle servit aux attaques quotidiennes contre le gouvernement; maintenant qu'elle tournait au succès, la conspiration du silence se faisait. Pour les *Débats*, par exemple, M. de Vatimesnil était un personnage autrement intéressant et redoutable que l'Agha Ibrahim ou Hussein Pacha. Du reste, son correspondant, dit particulier, ne s'était sans doute pas éloigné bien loin de l'ombre de Saint-Germain l'Auxerrois, car ses lettres ne faisaient que paraphraser, avec un minimum d'imagination, les récits officiels du *Moniteur*.

Le *Constitutionnel*, par contre, s'était offert le luxe d'envoyer un véritable correspondant, dans la personne de A. Jal, homme de lettres plein d'esprit et de ressources, qui devait, à la fin de ses jours, publier d'agréables souvenirs[2]. Jal avait réussi à embarquer en qualité de secrétaire de M. Aubry-Bailleul, lieutenant de vaisseau, commandant le brick le *Federico*. Malheureusement des deuils de famille rappelèrent trop vite en France

1. N° du 20 juin 1830.
2. A. Jal, *Souvenirs d'un homme de lettres*, Paris, 1877.

le brillant chroniqueur qui aurait pu donner le plus exact et le plus spirituel compte rendu de la campagne. Chose étrange, dès sa première dépêche, Jal avait déplu à la direction du *Constitutionnel*. Quoique d'un libéralisme éprouvé et fort approvisionné par son rédacteur en chef de toutes les préventions nécessaires contre l'astucieux Bourmont, ne s'était-il pas avisé de louer hautement ce général et de sympathiser avec l'armée au point de devenir cocardier? Cela tournait au scandale.

Aussi le journal s'en tint-il sagement à la prose de ses rédacteurs parisiens qui, eux, étaient bien incapables de passer dans les rangs des amis de Bourmont.

Le 20 juin, les journaux avaient donné les premières nouvelles. « Sidi-Ferruch, dit le *Constitutionnel*, peut être considéré en quelque sorte comme le port marchand de la capitale des États du Dey. » En géographie, le *Constitutionnel* trébuchait aisément, mais restait ferme sur les principes : « Quant aux ministres, la question est tout autre pour eux; ils auront prodigué l'or et le sang français pour venger un outrage; mais quoi qu'il arrive, jamais les avantages, quels qu'ils soient, de la conquête d'Alger ne compenseront les sacrifices énormes qu'elle aura coûtés. Les ministres en sont comptables envers la France; quant à l'honneur qui en rejaillira sur les armées françaises, il ne leur en reviendra rien. Pour avoir sa part de gloire, il faut avoir eu sa part de danger. »

Ainsi prophétisa sans doute l'ânesse de Balaam.

Trois jours plus tard, le même journal annonçait qu'un grand combat avait dû se produire, et que Sidi-Ferruch ne se trouvant qu'à 5 lieues d'Alger, l'armée devait arriver sous les remparts de cette ville.

Puis de nouvelles dépêches parvinrent : le chiffre des morts du 14 juin était de 20 à 30, alors que Bourmont n'en avouait que 20. Mais « ce n'est pas cette petite contradiction qui nous frappe dans la lettre du *Moniteur*, nous y remarquons avec une indignation que partageront tous les citoyens et tous les militaires une expression que nous ne saurions qualifier : « M. de Bourmont était » sur un mamelon, entre la batterie de Torre-Chica » et une division de *son* armée, lorsqu'un boulet, » qui est tombé à ses pieds, l'a entièrement couvert de » sable. » *Son* armée! L'armée de M. de Bourmont! Les soldats français devaient-ils s'attendre à un pareil outrage! » Le correspondant du *Moniteur* termine par le récit d'une scène tout à fait romantique : « Au moment de la séparation de l'amiral Duperré et du général en chef, les compagnies d'élite et l'état-major qui étaient sur la *Provence* étaient prêts à s'embarquer. Le comte de Bourmont se disposait à les suivre, lorsque l'amiral Duperré, lui tendant la main, lui dit d'une voix émue : « Monseigneur, je suis à vous à la vie et à la mort; vous » pouvez compter sur moi. » Ils s'embrassèrent alors. Serait-il vrai que le brave et loyal amiral Duperré eût donné des témoignages d'estime et d'affection à M. de Bourmont? Nous aurions peine à le croire, alors même que le fait serait consigné dans la partie officielle du *Moniteur*[1]. »

Le papier supporte tout, disait la grande Catherine, mais hélas, le prince de Polignac était aussi patient que le papier d'imprimerie; il ne voulait pas d'autres armes

---

1. *Le Constitutionnel*, n° 174, 23 juin 1830.

pour maintenir l'ordre que la Charte; deux bataillons du 1ᵉʳ léger eussent mieux fait l'affaire.

*
* *

Hussein Pacha avait été tenu très exactement au courant de ce qui se passait en France par les nombreux espions qu'il payait à Paris et à Marseille et par les nouvelles que lui faisait parvenir le consul d'Angleterre. Incapable de s'opposer ouvertement à l'expédition, le gouvernement anglais aidait et encourageait le Dey à la résistance; il répandait le bruit à Alger que les troupes françaises avaient été battues en Morée par les Musulmans, que l'influence de la France était nulle en Europe et ses armées inexistantes; il n'en fallait pas tant pour réveiller le fanatisme et l'orgueil des Arabes.

Ces insinuations des Anglais avaient trouvé un écho facile auprès du Dey qui, du haut du belvédère de la Casbah, suivait avec curiosité et mépris les évolutions de la flotte de blocus. Les voiles des bateaux se rapprochaient tantôt du rivage; elles arrivaient à portée de canon; puis elles reprenaient le large; ce qui faisait dire à Hussein que cette façon de faire la guerre montrait la lâcheté des Français et que nos vaisseaux lui rappelaient les prostituées dont les allures cyniques tentent le passant[1].

« Lorsqu'il est question, parmi les Algériens, d'une expédition contre eux, écrivait M. de Lesseps au prince

____

1. H. Lauvergne, *Histoire de l'expédition d'Afrique en 1830*, p. 130.

de Polignac, ils se livrent à toutes sortes de fanfaronnades et de bravades; ils disent que les Français n'oseront jamais la faire. Et ce qui le prouve, ajoutent-ils, c'est que toutes les années on fait de vaines menaces qui ne se réalisent pas, qu'on leur envoie constamment des parlementaires pour solliciter la paix, et que nos bâtiments ne sont là que pour demander cette grâce et attendre le moment où l'on voudra bien la leur accorder. »

Le consul ajoutait que certains Arabes haut placés ne se cachaient pas pour lui dire : « Si les Français viennent définitivement, le Dey sera alors obligé de sortir de sa retraite de la Casbah, nous leur donnerons sa tête, et ils nous laisseront tranquilles[1]. »

Cette dernière éventualité n'avait rien d'improbable et des propositions d'assassiner le Dey avaient déjà été faites au baron Hyde de Neuville qui les avait repoussées avec horreur.

Hussein connaissait mieux que personne les dangers de sa situation et sa méfiance portée à l'extrême l'avait amené à commettre, peu de temps auparavant, un assassinat qui fut une maladresse. Son généralissime, l'Agha Yahia, qui pendant douze ans l'avait servi fidèlement, était haï par le Khaznadji, personnage fourbe et ambitieux, auquel, malgré sa prudence habituelle, le Dey accordait confiance; au point qu'un jour, malgré la compétence militaire indiscutable de l'Agha et la juste popularité dont il jouissait parmi les troupes, il l'avait exilé d'abord à Blida, puis fait exécuter sous l'imputation de complot, complot purement imaginaire, bien entendu,

1. Arch. Affaires Étrangères, *Correspondance*, Alger, 1830.

que le Khaznadji inventa de toutes pièces. Ibrahim, gendre du Dey, fut nommé Agha à sa place.

Puis le ministre de la Marine avait été chassé à son tour ; on l'accusait d'avoir contrevenu aux ordres souverains en faisant tirer sur la *Provence*, lors de la mission parlementaire du commandant de La Bretonnière. L'Agha Yahia et le ministre de la Marine étaient deux personnages illustres et riches ; leur nombreuse parenté décida de les venger et ourdit un complot, cette fois réel, qui devait éclater le premier jour de la fête du Baïram. Il était d'usage qu'au jour de cette fête tous les habitants pouvaient pénétrer dans la Casbah et présenter leurs hommages au Dey. Les conjurés pensèrent profiter de cette occasion pour y assassiner le souverain et ses ministres. Après quoi ils proclameraient Dey leur chef Mustapha Fidja. Mais le complot fut éventé la veille même de la fête ; les sept principaux chefs furent étranglés séance tenante et les autres envoyés en exil.

Toutefois le prestige du souverain périclitait. Il ne régnait que par la force et celle-ci s'évanouissait. Les effectifs de la milice turque, véritable garde prétorienne, étaient réduits de moitié à la suite du blocus de trois ans. Elle se recrutait à Constantinople et comptait jadis 12 à 14 000 hommes. L'impossibilité de remplir les cadres affaiblis par la désertion les ramenait à environ 6 000 hommes. Le Dey entendait les garder pour sa défense personnelle et former la troupe d'élite des artilleurs.

Le Sultan du Maroc et le pacha de Tripoli, alliés naturels d'Alger, ne répondaient que par de vagues promesses et des vœux platoniques aux appels du Dey.

Restaient les trois grand vassaux, les beys de Constantine, d'Oran et le pacha de Titteri.

Constantine avait envoyé 13 000 hommes ; les contingents d'Oran et de Titteri devaient avoir à peu près la même force, malgré les récits des consuls qui parlaient avec exagération de 30 000 soldats venus d'Oran. Dans la Régence même, le Dey pouvait encore lever 15 à 20 000 hommes, le ban et l'arrière-ban de son armée. C'étaient les propriétaires terriens, des marchands, des artisans d'Alger et des autres villes, mais cette réserve était notoirement d'une médiocre valeur militaire.

Néanmoins l'ensemble des différents contingents dépassa 60 000 hommes, le double de l'armée expéditionnaire française.

Les forts qui protégeaient Alger avaient été remis en état, et la couronne de leurs murailles, flanquées par la redoutable silhouette du fort l'Empereur, donnait aux Arabes et même au Dey le sentiment d'une sécurité absolue.

L'entrée du port avait été fermée par trois fortes chaînes pour empêcher que l'escadre française ne renouvelât l'exploit de lord Exmouth ; derrière les chaînes, des chaloupes-canonnières, armées de mortiers et de pièces de gros calibre, défendaient les approches du port.

Par contre, et bien qu'ils connussent d'avance nos projets, le Dey et son conseil militaire avaient complètement négligé la défense des hauteurs entourant Alger ; trop confiants dans les épaisses murailles des forteresses où l'on accumulait fébrilement vivres et munitions, ils croyaient pouvoir soutenir un siège de plusieurs mois.

Avec ses dernières instructions, Hussein avait également remis à l'Agha Ibrahim le plan français que ses espions étaient arrivés à se procurer. Il connaissait donc exactement le nombre des vaisseaux et des hommes qui composaient l'armée du général de Bourmont, ainsi que le lieu de débarquement sur la presqu'île de Sidi-Ferruch. Fort de ces renseignements, Ibrahim établit son plan de bataille. Il consistait à laisser débarquer les Français pour les rejeter ensuite à la mer.

L'armée fut divisée en trois grands camps : le premier, celui de l'Agha, comportait la majeure partie des troupes et se trouvait dans la plaine, entre les collines d'Alger et Sidi-Ferruch. Le second, commandé par le Khaznadji, était hors de la porte Bab-Azoun, et le troisième, qui avait pour chef le Khodja Cavallo, s'étageait sur le côté gauche de la ville, depuis le bord de la mer jusqu'au sommet des montagnes environnantes.

De tous les chefs, le bey de Constantine passait pour le plus intelligent et le plus guerrier. Il déclara tout net à Ibrahim que son plan était absurde parce qu'il sous-estimait la force et la tactique savante de l'armée française. Il conseillait de diviser l'armée et de porter un corps important à l'ouest de Sidi-Ferruch pour prendre les Français entre deux feux. Au cas où l'attaque partirait de la mer en direction d'Alger, les troupes de l'ouest tomberaient sur l'arrière et la base du corps expéditionnaire; si au contraire celui-ci se portait d'abord contre le corps ouest, alors toute l'armée du Dey descendant des hauteurs les prendrait à revers.

Mais l'Agha Ibrahim maintint avec entêtement son premier plan et fit comprendre au bey de Constantine qu'il n'y comprenait rien et que lui seul était au courant de la tactique européenne [1].

Le quartier général de l'armée était à Maison-Carrée, l'avant-garde du premier camp à Staouéli ; quelques détachements d'artilleurs furent envoyés aux batteries de Sidi-Ferruch, pendant que la cavalerie patrouillait dans la plaine.

Le Dey achevait ses derniers préparatifs de combat quand il apprit le départ de la flotte de Toulon.

Un prisonnier allemand qui depuis cinq ans se trouvait au bagne d'Alger nous a laissé une vivante image de ce qui se passait dans cette ville pendant les derniers jours du règne d'Hussein [2].

Simon Friedrich Pfeiffer, étudiant en médecine, s'était jadis embarqué comme aide-major [3] sur un bâtiment hollandais. Fait prisonnier par un corsaire à Smyrne, il fut vendu sur le marché d'Alger au Khaznadji, ministre des Finances. Il vivait misérablement dans les cuisines du ministre, quand l'idée malencontreuse lui vint de s'enfuir. Il échoua et reçut 150 coups de bâton sur la plante des pieds, de quoi il faillit mourir.

1. Voir à ce sujet : Sidi Hamdan ben Othman Khodja. *Aperçu sur la Régence d'Alger*, livre II, Paris, Goetchy fils, imp., 1855.

2. *Meine Reisen und meine ünfjaehrige Gefangenschaft in Algier.* — Giessen, 1832.

M. Alfred Michiels en a publié quelques extraits auxquels se sont référés jusqu'ici tous les historiens. *Revue Contemporaine*, t. XVII, 1854, p. 240-270. Nous avons eu la chance de retrouver un exemplaire de l'ouvrage rarissime de Pfeiffer.

3. Rozet dit que des sottises l'avaient fait chasser de son pays. (Voyage, II, 314.)

Un jour que le Khaznadji inspectait ses esclaves, il demanda à Pfeiffer qui, entre temps, avait appris suffisamment le turc, quel avait été son métier en Europe. « Médecin », répondit l'Allemand. Le hasard voulut que quelques jours après le ministre tombât gravement malade d'une attaque au foie. Il fit appeler le marmiton qui le soigna en tremblant et eut la chance de le guérir. Élevé à la dignité de médecin particulier, il quitta les cuisines et eut un appartement dans le palais. Mais, tout médecin qu'il fût, il n'en restait pas moins esclave et s'en aperçut le jour où il traita de chien le neveu du ministre et paya son imprudence d'une bastonnade épouvantable.

La liberté relative que lui laissait son maître permettait à l'Allemand de voir et d'entendre ce qui se passait en ville. Il en profita pour noter les principaux événements qui, deux ans après sa libération, lui fournirent matière à un volume, naïf quelquefois, mais toujours alerte et amusant, seul document qui permette de suivre la campagne vue d'Alger par un Européen.

Après l'affaire du coup d'éventail, Pfeiffer comme tout le monde s'attendait à la guerre. Personne ne cachait plus son appréhension. Le Dey était sombre et soucieux ; souvent on le voyait, de jour comme de nuit, se promener inquiet sur la terrasse qui domine la Casbah ; une lunette de marine à la main, il fouillait anxieusement le vaste horizon de la Méditerranée. Les pèlerinages et les sacrifices se succédaient aux tombeaux des marabouts les plus vénérés ; les ministres eux-mêmes avaient ordre de s'y rendre en grande pompe et de distribuer de l'argent à la foule. Les imans recevaient des dons importants pour prêcher la guerre sainte et prédire la victoire des Croyants sur les Infidèles ; les cheiks et les caïds se virent gratifiés de burnous rouges et de sabres d'honneur. Rien n'était négligé pour contenter le peuple et exciter son fanatisme national. Le grand Mufti, impopulaire à cause de son origine turque, avait été remplacé par un Arabe dont le zèle guerrier donna une nouvelle impulsion aux fêtes et aux prédications religieuses. Tout était prêt, lorsque le 13 juin, à l'aube, deux coups de canon apprirent à la population que la flotte française était en vue.

Une agitation extraordinaire régnait dans Alger. Les miliciens couraient vers les camps et les batteries ; les estafettes galopaient en tous sens, et la population monta sur les terrasses pour voir l'ennemi approcher. Le bruit s'en était répandu jusque dans les tristes bagnes où nos marins attendaient la délivrance prochaine ou la mort immédiate.

Un vent favorable gonflait les voiles de nos vaisseaux qui défilèrent lentement en pleine vue de la ville. Ce fut une revue interminable, et les Algériens qui ne connaissaient que les divisions jadis employées au blocus n'arrivaient pas à cacher leur stupeur devant l'impression de force que leur donnait cette formidable armée navale. Simon Pfeiffer raconte que, pour cacher son émotion, il fut obligé de s'enfermer dans sa chambre pour y pleurer à l'aise de joie et d'espérance.

Le même jour, les troupes arabes se mettaient en mouvement et l'état-major d'Ibrahim quittait Maison-Carrée. Environ 6 000 Bédouins à cheval et 4 000 fantassins, pour la plupart des irréguliers alléchés par l'appât du butin, vinrent prendre position le long de la mer.

C'est à eux que nos troupes se heurtèrent pendant la journée du 14 juin.

***

Le 15 à l'aube, la fusillade éclata à nouveau sur l'extrême gauche de la 1re division. La position trop exposée du 28e avait attiré l'ennemi qui accourut en nombre assaillir les avant-postes, sans parvenir toutefois à gagner du terrain. Alerté par le feu, le maréchal de camp Colomb d'Arcine s'était avancé au delà de ses lignes ; il constata que l'endroit sur lequel était établi le 28e était séparé de lui par un profond ravin, et laissait non seulement un large espace libre entre le mamelon et les dunes à sa gauche, où se trouvait sa propre brigade, mais qu'il existait encore un autre corridor entre les dunes et la mer.

Dans la pensée de l'état-major général, cet espace devait être tenu sous le feu des navires ; mais à cause des bas-fonds, ceux-ci étaient trop loin de la côte pour pouvoir coopérer rapidement et exécuter des tirs précis. Le général appela la 1re compagnie de voltigeurs du 21e pour la porter en avant vers le front de mer. Elle fut immédiatement attaquée par des cavaliers. Le capitaine donna l'ordre aux hommes de se jeter derrière une dune où ils arrêtèrent la charge ennemie, tandis que la 2e compagnie avançait au pas de course.

Sur ces entrefaites, marchant au feu, arriva le général de La Hitte.

L'avantage semblait devoir rester aux Arabes, dont les fusils beaucoup plus longs portaient plus loin que les nôtres. La Hitte fit amener deux obusiers de campagne. Aux premières salves, l'ennemi se retira hors de portée de fusil. On vit alors que les petits obusiers de campagne produisaient sur lui le même effet que ceux de 24, tandis que les fusils de rempart qui, par leur longue portée, faisaient plus de mal, n'atteignaient pas le même effet. Quant aux fusées à la Congrève, leur fonctionnement laissa à désirer. La première fusée éclata à moitié course; la seconde, à la sortie du tube et la troisième fit éclater le tube lui-même. Le général attribuait cet accident à un calibrage défectueux du tube, ou à quelque choc reçu par celui-ci pendant le débarquement à l'endroit du collier. Le tube fut facilement réparé le lendemain.

L'intervention opportune de l'artillerie rendit le calme à l'aile gauche, et le 20e d'infanterie put monter en ligne pour remplacer le 28e. Ce dernier régiment avait eu dans la matinée 18 blessés. Sur l'ensemble du front il y eut quelques petites pertes, notamment à l'aile droite, où les hommes étaient descendus pour boire à un petit ruisseau malgré la défense des officiers. Les Arabes les fusillèrent à bout portant, puis leur coupèrent la tête pour la porter au Dey. Il la payait 200 à 250 francs, ce qui excitait considérablement l'ardeur guerrière des indigènes.

L'après-midi du 15 juin se passa calme; sur mer et dans la presqu'île on travaillait plus fiévreusement que jamais au débarquement des vivres et du matériel. Rien ne vint troubler la nuit. L'incident de la veille avait appris aux officiers et aux hommes à se garder de toute alarme irréfléchie. La nuit fut très fraîche et une abondante rosée mouillait les bivouacs.

Le 16 juin de bonne heure, les Arabes se présentèrent devant nos lignes, et le feu recommença. Infatigable, le général de La Hitte amenait au front de nouvelles pièces et même trois vieux canons de fer, pris aux Turcs dans la journée du 14. L'intervention de l'artillerie soulageait l'infanterie, et permettait d'économiser les cartouches dont on avait fait la veille une consommation exagérée.

Le jour s'était levé gris et maussade, sans aurore. Le soleil se dérobait derrière des nuages menaçants. Une sorte de ceinture noire enveloppait l'atmosphère, et le limbe livide de ce vaste nuage s'arrêta sur les sommets qui dominaient le camp. La veille au soir, le baromètre avait marqué 27 pouces et 7 lignes soit 746 mm. 6. Vers 8 heures, le tonnerre commença à gronder au loin, suivi, un quart d'heure plus tard, par des grains d'une violence inouïe. La pluie tombait par nappes, noyant le camp qui devenait invisible sous les rafales furieuses. Du large, la tempête accourait, soulevant des vagues formidables. L'immense flotte, secouée par le vent, ballottée par des montagnes d'eau, semblait perdue. Dans la baie est, le canon d'alarme retentit à plusieurs reprises. C'étaient les bricks qui, chassant sur leurs ancres, étaient portés par l'ouragan vers la côte. Un bataillon du 28ᶜ qui se trouvait en réserve accourut sur la plage pour les aider, dans la mesure du possible. Heureusement les commandants réussirent à se dégager à temps et à gagner le large, en s'élevant au vent. Dans la baie ouest, c'était bien pis encore. Les vaisseaux de guerre raidissaient leurs chaînes au risque de les briser, tant les secousses des vagues étaient violentes. « En un instant la mer était devenue monstrueuse, dira le lendemain l'amiral Duperré dans sa dépêche ; les lames creusaient à un tel point qu'un navire du convoi, tirant 13 pieds d'eau, et mouillé par 20, a talonné et démonté son gouvernail. »

Les bâtiments de commerce et les bateaux-bœufs disparaissaient littéralement sous les lames avec leur précieux chargement.

La perte de la flotte semblait certaine et elle aurait fatalement entraîné celle de l'armée. Malgré toute la diligence faite, il n'y avait à terre que 15 jours de vivres et 200 coups par canon. L'énorme majorité des munitions d'infanterie était encore à bord.

A terre, les fantassins en ligne recevaient stoïquement l'averse, et toutes leurs préoccupations se concentraient sur les gibernes à poudre qu'il fallait tenir au sec ; mais dans le camp, d'où l'on voyait la détresse des bateaux, la consternation était générale. « De tous, raconte le secrétaire Merle, M. de Bourmont était celui qui conservait le plus de calme. Il y avait quelque chose de rassurant ou de résigné dans sa physionomie ; certes, on ne se serait pas douté que c'était sur lui que pesait toute la responsabilité. Le général en chef a un courage froid et noble qui ne laisse jamais aux émotions les plus fortes le pouvoir d'altérer ses traits. Dans l'attitude de la réflexion, les yeux fixés sur la plage, il tournait la paume de sa main droite sur le couvercle de sa tabatière, occupé sans doute des moyens à prendre pour remédier à un désastre que toute la prudence humaine ne pouvait empêcher. Je ne lui ai entendu dire, au plus fort de la tempête, que ces seuls mots qui étaient plutôt un désir

---

1. J.-T. Merle, *op. cit.*

qu'une conviction : « Il me semble que le vent fléchit. »

» Le général de Tholozé, sous-chef d'état-major, était vivement agité ; ce n'était certes pas par la peur, car c'est à coup sûr de tous les sentiments celui qui lui est le plus étranger. Il ne cessait de courir de la terrasse à un endroit du mamelon d'où il pouvait apercevoir, au haut de la tour, le pavillon, fouetté par le vent avec tant de violence qu'en moins d'une heure l'extrémité opposée à la hampe avait été déchirée en lambeaux. Il répétait souvent avec l'accent de la douleur : « C'est un désastre ! Le vent ne » change pas ! »

» Le général Desprez était consterné ; son habit était trempé, et, de la large visière de sa casquette, l'eau retombait en nappe. Les bras derrière le dos, et le sourcil froncé, il disait à chaque instant : « Ce sera le second » tome de l'expédition de Charles-Quint. »

» Enfin vers midi le vent passa subitement à l'est, et en quelques minutes tomba complètement. Je courus annoncer cette heureuse nouvelle à M. de Bourmont, et je m'aperçus que je le soulageais d'un grand poids. »

L'amiral de Rigny avait prédit au baron Denniée les coups de vent et les accidents fréquents sur les plages d'Afrique. En prévision de cette fâcheuse éventualité, l'intendant en chef avait eu l'heureuse idée de munir toutes les caisses et les balles de doubles enveloppes imperméables. Pendant la tempête, il donna ordre de les jeter à la mer. « Lancés par-dessus bord avec une incroyable célérité, les caisses de biscuits, les tonneaux de vin, d'eau-de-vie, de farine, de légumes, les ballots de foin, les sacs d'orge et d'avoine, vomis avec la vague, venaient échouer sur le rivage.

» L'aspect de la plage offrait le plus triste spectacle; tout était désordre et confusion; et cependant, à la fin du troisième jour, les approvisionnements dont le rivage avait été jonché sur une étendue de plus de 2 000 toises, étaient classés en ordre dans l'enceinte du camp retranché[1]. »

L'alerte avait été grave. Comme l'écrivait l'amiral Duperré : « Si ce temps s'était prolongé deux heures de plus, la flotte était menacée d'une destruction peut-être totale. Le vent a sauté du nord-ouest à l'est, et aussitôt la mer est tombée. Le mal s'est borné à un gouvernail démonté par la gabare la *Vigogne* que j'ai fait retirer des lames au milieu des grains; trois navires du convoi ont éprouvé la même avarie; mais la leçon a été effrayante pour tout le monde, à terre comme à la mer. »

Inquiet de connaître le moral des soldats et l'état des munitions, le général de Bourmont fit appeler les commandants des 1re et 2e divisions. Les renseignements étaient bons; le général Berthezène affirmait que, même sans cartouches, il se faisait fort de défendre sa ligne avec les seules baïonnettes.

La journée se termina sans combat.

Le lendemain, de nouvelles escarmouches se succédaient aux deux ailes de l'armée, notamment contre les avant-postes du 20e qui tenaient le mamelon si fâcheusement avancé. Pour la première fois, on vit de véritables colonnes ennemies manœuvrer en face de nous, mais hors de portée. Sur les hauteurs de Staouéli se produisait un mouvement intense; des travailleurs élevaient

1. Denniée, *Précis historique de la campagne d'Afrique*, Paris, 1830.

au centre de la position une redoute. C'est là que l'Agha Ibrahim attendait l'attaque des Français. Après le débarquement de Sidi-Ferruch, le Dey lui avait donné l'ordre de défendre la position de Staouéli jusqu'au moment où toutes les milices ainsi que les renforts d'Oran, Constantine et Titteri fussent amenés à pied d'œuvre. C'est à ce retard qu'on devait l'inaction des troupes algériennes, alors que nous nous trouvions dans une situation des plus critiques. Les renforts affluaient en ce moment, et l'on sentait, de part et d'autre, que la bataille ne saurait tarder.

Vers minuit, un feu roulant éclaira le front. Le général de Bourmont sortit rapidement de son logement, à moitié habillé. « Allons, messieurs, à cheval! à cheval! » disait-il à ses aides de camp. Tout à coup, le feu cessa comme par enchantement, et une demi-heure plus tard, les aides de camp rentrèrent auprès du général pour lui rendre compte de cette fusillade inopinée. Un soldat, trouvant la nuit trop chaude, avait enlevé capote et pantalon, et se promenait aux abords du camp, bannière au vent. La sentinelle crut voir le burnous d'un Arabe et fit immédiatement feu. Les postes avancés avaient fait feu à leur tour, puis les grand'gardes, et enfin toute la ligne. Heureusement personne ne fut blessé. On constata par la suite que les coiffes blanches des shakos ressemblaient trop dans le lointain et la nuit à des capuchons de burnous arabes. On les supprima.

Ce fut une erreur indiscutable, de la part de l'amiral Duperré, de retarder l'arrivée du convoi, ou plutôt de n'avoir pas prévu les contrariétés qui pouvaient allonger sa marche. En plus du grand parc d'artillerie, du matériel de siège et du gros ravitaillement, le convoi portait tous les chevaux de trait. Sans eux, il était impossible d'avancer. On avait déjà vu avec quelle peine artilleurs et fantassins traînaient à travers le sable les pièces légères de campagne. Aussi le général de Bourmont était-il décidé à ne pas quitter le voisinage de la mer tant que son armée n'aurait pas reçu le complément indispensable pour porter le siège devant Alger.

Le reproche d'inactivité que d'aucuns adressèrent au comte de Bourmont est parfaitement injustifié, et c'est à l'amiral Duperré seul que revient la responsabilité d'avoir retardé la marche sur Alger. Certes, il a des excuses : les éléments contraires avaient bouleversé ses plans, mais aussi, il ne les avait pas assez prévus. Il est également probable que, comme ses collègues les amiraux avec lesquels Du Petit-Thouars avait eu affaire, Duperré n'avait pas voulu croire à la possibilité de débarquer aussi rapidement une armée de 30 000 hommes. En effet, arrivant dans la baie de Sidi-Ferruch, et voyant l'excellence de ce mouillage, l'amiral avait dit textuellement au général Desprez : « Si on m'avait donné des renseignements plus exacts, il y a 15 jours que nous serions ici ; la flotte sera aussi en sûreté dans cette baie que dans la rade de Toulon. Elle y restera jusqu'à la fin de l'expédition[1]. »

Et pourtant Du Petit-Thouars, Gay de Taradel, Massieu de Clerval, avaient donné ces renseignements, et les plus précis et les plus circonstanciés, en parti-

---

1. *Journal d'un officier de l'armée d'Afrique*, pp. 73 et 74. Ces paroles ont été mises en doute par les défenseurs de l'amiral. Il n'en reste pas moins qu'il avait agi exactement dans ce sens.

culier sur Sidi-Ferruch. Mais on sait bien qu'il n'est pire sourd que celui qui ne veut point entendre.

Le retard dans l'arrivée du convoi affectait vivement le général de Bourmont, mais jamais il ne proféra une plainte contre l'amiral. Parfois seulement, tournant ses regards vers la mer, il disait à M. Dubreuil, jeune officier de marine, détaché de la *Provence* auprès de sa personne : « Eh bien, monsieur, et notre convoi? — Mon général, répondait celui-ci, les ordres ont été expédiés depuis le 16, mais le vent ne nous sert pas. — Allons, reprenait le comte de Bourmont, avec une résignation sans humeur, attendons le vent, nous sommes à ses ordres[1]. »

Le soir du 16, un Arabe se présenta pour la première fois à nos avant-postes, et fut conduit devant le général en chef. Interrogé par les interprètes, il déclara que c'était la volonté de Dieu qui le conduisait auprès des Français pour servir la cause de la paix. L'attitude de noble simplicité du vieillard frappa tous les officiers. Le général lui fit comprendre qu'il n'en voulait ni à la vie ni à la propriété des particuliers, et lui confiant des exemplaires de sa proclamation en arabe, le pria d'en assurer ses compatriotes. Quelqu'un fit remarquer que l'émissaire rentré chez lui courait le risque d'être mis à mort par les siens. « Je ne crains rien, répliqua l'Arabe, je suis déjà vieux et ma vie est finie. Tous nous sommes dans la main d'Allah. » Il quitta le camp et on ne le revit plus jamais.

Le général avait également ordonné de répandre une grande quantité d'exemplaires de sa proclamation en avant des postes avancés, et, de fait, les Arabes venaient

1. Merle, *loc. cit.*

la nuit les chercher. Cependant leur effet fut nul; il fallait s'y attendre.

L'organisation du camp se complétait de jour en jour. On avait craint de manquer d'eau et emporté des sondes artésiennes. En creusant, on trouva une nappe à quelques pieds de profondeur et bientôt des puits donnèrent une eau abondante et saine. Le capitaine de Lamoricière, dont la brillante carrière commençait alors, avait la charge de creuser ces puits avec une compagnie de sapeurs. C'est lui qui inventa la façon de maintenir le sable par un clayonnage en caisses de biscuits défoncées, mises les unes sur les autres et qui formaient ainsi un perré.

Toutes les armes donnaient leur concours à l'intendance. Le baron Denniée le note avec complaisance : « Le bon esprit qui animait l'armée offrait cela de remarquable que, concourant tous à un but commun, et y apportant un désir égal de succès, l'artillerie, le génie et l'administration s'entr'aidaient réciproquement... Cet accord, cette harmonie, n'ont pas été un seul instant altérés, et plus d'une fois dans la campagne l'administration en a recueilli de précieux avantages. »

Les fours de campagne, installés avec l'aide du génie, permirent de distribuer du pain frais dès le 16 juin. Les hangars des hôpitaux s'élevaient rapidement, ainsi que les baraquements pour les 'poudres et les vivres, et l'on commençait déjà à ouvrir jusqu'aux grand'gardes la route qui devait suivre la marche de l'armée jusqu'à Alger. Les soldats la nommèrent le chemin de Paris à Alger[1].

---

1. Merle donne la carte de la presqu'île avec les divers campements des

« Les médecins ayant décidé que les bains de mer, pris modérément, étaient très salutaires, le soir, on permit aux troupes restées dans le camp de se baigner; même on les y engagea; en sorte que de cinq à sept heures, tous les jours, 3 à 4 000 hommes poussant des cris de joie s'ébattaient au milieu de l'eau de la mer, sous les yeux de l'ennemi qui, du plateau qu'il occupait, pouvait très bien voir ce qui se passait à Sidi-Ferruch[1]. »

Au milieu des militaires, comme jadis à l'armée d'Égypte, une petite troupe de civils, composée de secrétaires, journalistes, savants et peintres, faisait la joie des soldats par leurs accoutrements bizarres. Gudin, qui suivait l'armée au titre de peintre officiel avec Isabey et le colonel Langlois, a noté avec le crayon et la plume les amusants spectacles du camp, ainsi que le journaliste Jal, dont la curiosité éveillée voyait tout.

« Il m'arriva là, écrit-il entre autres, ce qui était arrivé à Gourville aux lignes d'Arras. Gourville raconte qu'il soupa un jour au quartier du marquis d'Humières qu'il trouva servi en vaisselle plate, comme dans son hôtel à Paris, et que le lendemain il dîna chez M. de Turenne qui mangeait dans du fer-blanc. Pour moi, M. le général Bertier de Sauvigny fut le marquis d'Humières; je dînai chez lui, servi dans de belles assiettes d'argent armoriées; je bus du vin de Champagne dans des verres élégamment ciselés. Le lendemain, accablé par la chaleur, j'entrai dans la tente du général Hurel.

troupes, ainsi qu'un plan de Torre-Chica, de la mosquée, du tombeau du Santon et des logements du général de Bourmont et de son état-major dans le marabout de Sidi-Ferruch.

1. Rozet. I, 140.

Le vieux soldat d'Égypte, que je trouvai lavant ses gants de daim, m'offrit un verre de vin dans une timbale d'étain, sa coupe ordinaire dans ses repas modestes. »

Pendant cinq jours, l'armée s'organisait ainsi en vue de la marche en avant.

CHAPITRE X

LA BATAILLE DE STAOUÉLI[1]

L'Agha Ibrahim s'apprête à l'offensive. — Position de l'armée française.
— L'armée algérienne sort du camp de Staouéli. — Elle attaque notre
aile gauche. — Défense héroïque du colonel Mounier. — Le général
Clouet contre-attaque trop vivement et se trouve dans une situation
critique. — Heureuses initiatives du lieutenant général duc des Cars.
— Il dégage Clouet, puis Mounier. — Notre aile gauche se porte victorieusement en avant et entraîne toute la ligne. — Le général de Bourmont prend personnellement la direction des opérations. — Il décide
l'attaque du camp de Staouéli. — La lenteur du général de Loverdo
l'oblige à modifier son plan. — Attaque frontale. — Prise du camp. —
Belle victoire française.

Le 18 juin, le calme le plus absolu régnait sur tout le
front de bataille, mais, vers Staouéli, on voyait une
épaisse poussière s'élever vers le ciel, annonçant l'arrivée

---

1. Pour le récit de la bataille, nous nous sommes reportés surtout aux
manuscrits qui se trouvent au Dépôt de la Guerre; historique de la campagne
et journaux de marche des divers régiments.

Pour le 28ᵉ de ligne en particulier : lieutenant E. Simon : *Le 28ᵉ de ligne.
Historique du régiment, d'après les documents du ministère de la Guerre*

de nouvelles tribus arabes. C'étaient les derniers renforts d'Oran et de Constantine qui parvenaient au camp.

L'armée du Dey se composait, à ce jour, d'un peu plus de 60 000 hommes. Hassan, bey d'Oran, s'était borné à déléguer à sa place son khalifa avec le contingent promis. Le pacha de Titteri et le bey de Constantine étaient venus en personne; ce dernier n'amenait cependant pas toutes ses troupes; 7 à 8 000 hommes étaient restés à la garde de la frontière, pour parer à une attaque éventuelle de Méhémet Ali. L'armée des trois grands vassaux se montait à environ 30 000 combattants, auxquels s'adjoignirent en nombre à peu près égal les guerriers levés dans la Régence, c'est-à-dire 10 000 miliciens d'Alger, 5 000 janissaires turcs, 5 000 Koulouglis et 5 à 10 000 Kabyles.

L'armée française apercevait de loin les fanions de plus en plus nombreux qui en surmontaient les tentes. Devant Staouéli, une nuée de travailleurs élevaient des fortifications.

L'Agha Ibrahim avait d'abord attendu l'attaque des Français, et il s'était préparé à les recevoir devant son camp. Comme ils ne venaient pas, ce *Miles Gloriosus*

(Rouen, Mégard, 1889). — Aux Archives de la Guerre, il y a un *historique* manuscrit de ce même régiment, avec des détails intéressants sur la bataille de Staouéli.

M. le duc des Cars nous a communiqué les papiers de son aïeul. Il s'y trouve entre autres un récit de la bataille, fait par le lieutenant général duc des Cars et le maréchal de camp baron Clouet, d'après leurs souvenirs personnels. Je suis heureux de renouveler ici mes remerciements à M. le duc des Cars pour la communication de ces pièces inédites. Grâce à elles, nous avons pu rétablir le récit véritable de la bataille, particulièrement en ce qui concerne l'aile gauche.

crut qu'ils avaient peur de lui ; il décida, le 18, de livrer dès le lendemain, la bataille décisive et de jeter les Français à la mer.

Ces intentions de l'Agha, Bourmont les avait apprises par quatre Arabes qui s'étaient présentés, dans la soirée, aux avant-postes de l'aile droite. Ils se disaient envoyés par les populations de Bougie, qui, affirmaient-ils, étaient toutes disposées à accepter la domination française, pourvu qu'on leur promît de respecter leur religion, leurs femmes et leurs propriétés. Bien qu'on pût douter de leurs sentiments, les renseignements qu'ils donnèrent sur les plans de l'Agha et la force de son armée étaient exacts.

L'état-major général prit, en conséquence, les dernières dispositions. Depuis le 14 juin, le front de notre armée n'avait pas bougé. On l'avait amélioré, en construisant des batteries et quelques redoutes, mais les soldats n'aimaient pas remuer la terre ; officiers et troupiers s'attendaient chaque jour à marcher sur Alger ; alors à quoi bon se fatiguer sous l'intense chaleur ?

Le point faible de la ligne restait l'aile gauche. Là, en effet, se déroulera la phase la plus critique de la bataille. Il n'est donc pas inutile d'en rappeler le dispositif.

La baie est, où stationnaient plusieurs bricks, finissait par une plage que prolongeaient des dunes. Le bord de mer était barré par les bateaux qu'on avait échoués. Sur les dunes, la brigade Colomb d'Arcine, détachée de la 2ᵉ division (Loverdo), tenait le front avec ses deux régiments d'infanterie, le 21ᵉ (colonel Bérard de Contefray) et le 29ᵉ (colonel de Lachaux).

Devant la brigade, un mamelon avait été occupé le

18 à six heures du soir par le 1er bataillon du 28e d'infanterie (commandant de La Bigne[1]), premier élément de la division Berthezène, dont les trois brigades s'étendaient successivement sur la droite. Ce bataillon, où se trouvaient également le colonel Mounier, commandant le 28e de ligne et le drapeau du régiment, devait théoriquement tenir les pentes est d'un ravin, sorte de fossé qui le séparait de sa brigade. Profond, escarpé, difficile à traverser, ce ravin devenait absolument impraticable sous le feu de l'ennemi. Le colonel Mounier s'en rendit si bien compte qu'il avait immédiatement creusé des tranchées, notamment au débouché de la vallée où ses avant-postes bordaient le fossé. La seule ligne de retraite possible, en cas d'échec grave, menait à l'arrière sur les régiments du général Colomb d'Arcine, mais à travers un kilomètre de dunes de sable, couvertes de buissons et de palmiers nains.

Le bataillon se trouvait de ce fait exposé à l'attaque sur trois fronts. Le colonel choisit avec soin son emplacement et divisa ses compagnies en plusieurs grand'-postes, avec des grand'gardes.

A la nuit tombante, l'état-major général, de plus en plus convaincu de l'attaque imminente, décida de faire rétrograder la brigade Clouet ainsi que le bataillon de La Bigne qu'il jugeait avec raison trop exposés. La 3e brigade se concentra alors vers l'arrière, autour du petit mamelon sur lequel son général avait fait placer la section d'artillerie du lieutenant de Lamarre, composée d'un obusier et d'une pièce de 12. A sa gauche se tenait

1. Et non de La Brigue, comme l'ont écrit la plupart des auteurs.

le 2e bataillon du 28e (lieutenant-colonel de Mutrécy),
et à sa droite, le 20e de ligne (colonel Horric de Lamotte).

Ces deux régiments reçurent l'ordre de se former en
colonnes derrière le mamelon. En protection des deux
pièces, on laissait une centaine d'hommes dans une
tranchée creusée un peu en avant.

Les troupes pressentaient l'imminence de la bataille.
Tout était silencieux sous le beau ciel criblé d'étoiles.

Sur mer, les vaisseaux du Roi venaient de piquer le
quart de minuit, quand une rumeur d'abord sourde et
lointaine commença à remplir le camp ennemi. L'armée
du Dey quittait ses tentes et se massait pour l'attaque,
environ 54 000 hommes, dont un tiers, armé seulement
de lances et de bâtons ferrés, ne devait pas prendre part
au combat.

Ils sortaient du camp, formés en deux corps : celui de
gauche, commandé par le bey de Constantine, exécutait
un mouvement secondaire, en marchant vers notre droite
contre les brigades Monk d'Uzer et Damrémont qu'il
devait empêcher de venir au secours de notre aile gauche
sur laquelle l'Agha Ibrahim porterait tout l'effort du
corps principal.

Le généralissime algérien avait sous ses ordres directs
l'élite des troupes, c'est-à-dire la milice turque et les
contingents venus de Titteri; il laissait au bey de Constantine sa milice et les irréguliers kabyles. L'Agha comptait crever notre ligne à son extrémité gauche, la couper
de ses retranchements, et la jeter à la mer sur la plage
ouest.

Le centre se refusait.

Ibrahim n'avait pas mal choisi son point d'attaque;

le général Clouet, dans ses souvenirs, est le premier à le reconnaître, et le général Berthezène note, dans ses Mémoires, que « c'était un plan vaste et bien conçu, mais trop fort pour des Turcs ».

Le léger brouillard qui souvent précède l'aurore ne s'était pas encore élevé de terre, quand, dans la nuit claire, on parvint à distinguer au loin les burnous blancs des Arabes qui, par masses profondes, se portaient en avant. Le général Clouet les observait en silence, attendant qu'ils fussent à bonne distance pour ouvrir le feu.

Vers la même heure, — environ trois heures et demie du matin, — le colonel Mounier, isolé au milieu de ses dunes, songeait à reprendre dès l'aube le travail aux retranchements lorsqu'il reçut l'ordre du général en chef de rétrograder vers la brigade Arcine. Cet ordre, expédié dans la nuit, avait mis plusieurs heures à lui parvenir.

Non sans regrets, il abandonnait sa position à laquelle le travail de ses hommes avait donné de sérieux points d'appui. Il rassembla le bataillon et commença sa marche en arrière par colonnes en échelons. Rien ne semblait bouger dans la pénombre des dunes, lorsque brusquement, parvenu à 500 pas à peine de l'ancienne position, une nuée de tirailleurs surgit du sol. Chaque buisson, chaque repli du terrain, recélait un ennemi, tandis que des cavaliers apparaissaient derrière les dunes.

Entouré de tous côtés, le colonel arrêta immédiatement son bataillon et le disposa de son mieux dans l'affreux terrain. L'arrière-garde se repliait péniblement en perdant du monde. Obligé de défendre les nombreux couloirs par lesquels l'ennemi arrivait, le colonel ne put garder réunies que deux compagnies sur six ; les 7e et 8e, placées dans la vallée, étaient déjà vivement engagées avec des forces très supérieures en nombre. L'action commençait très mal pour nous. De plus, l'ennemi tournait le dos au soleil levant qui éblouissait nos soldats et une légère brise d'est soulevait devant les rangs un véritable mur de fumée et de poussière.

Bientôt le manque de cartouches obligea le colonel à envoyer en ligne, d'abord une des deux compagnies restantes, puis, petit à petit, toutes les sections de la dernière compagnie, sauf une qui resta comme garde au drapeau. Les Arabes s'aperçurent bien vite que chef et drapeau n'étaient plus entourés que de quelques hommes, et, se rassemblant, ils débouchèrent en masse contre cette petite troupe. Le colonel Mounier, toujours à cheval, exhortait ses hommes au calme. Tout à coup, il aperçoit l'ennemi qui s'approche. C'est le moment décisif. Alors, tirant son épée, le vieux soldat pousse le cri suprême : « Au drapeau ! mes enfants, au drapeau ! » A sa voix, les blessés se raniment, les dispersés se regroupent ; tous se précipitent au secours du dernier carré.

Dans la mêlée, une balle arabe vient frapper le colonel au cou. Les hommes voient leur chef rejeté en arrière, prêt à tomber de cheval. Mais immédiatement il se raidit, reprend son aplomb, et portant sa main à la gorge : « Ce n'est rien, leur crie-t-il, vive le Roi ! » Le hausse-col en cuivre doré avait amorti le choc et aplati la balle, qui n'occasionna qu'une forte contusion à l'extrémité de la clavicule. A ses côtés, le commandant de La Bigne encourageait officiers et hommes par son brillant exemple. Étendu au pied du drapeau, un jeune lieutenant d'état-major, M. de l'Étoile, râlait. Un autre lieutenant, Tisserand, était apporté grièvement blessé. Il était quatre heures et demie du matin; la situation du bataillon semblait désespérée.

Aucune aide ne pouvait venir de sa droite où la 3e brigade subissait l'assaut principal de l'Agha; un moment, il sembla même qu'elle allait être submergée. Le maréchal de camp Clouet avait vu les attaques turques se diriger en colonnes serrées sur le front de sa brigade. Il avait donné l'ordre de ne bouger qu'à son commandement. Ses deux colonels se tenaient immobiles derrière lui. Lorsqu'il jugea l'ennemi suffisamment engagé, et à bonne portée des deux pièces d'artillerie, il commanda au lieutenant de Lamarre d'ouvrir le feu. Les obus et la mitraille écrasèrent littéralement les premières lignes ennemies. S'adressant alors à ses colonels, le général lança : « En avant! » A la tête de son régiment, le colonel Horric de Lamotte poussa, de sa voix de stentor, un formidable : « Allons, v'là le moment! » et les fantassins du 20e de ligne, suivant leurs officiers, bondirent au pas de charge, pendant que, sur la gauche, le lieutenant-colonel de Mutrécy sautait la tranchée des tirailleurs, en tête du second bataillon du 28e. Épouvantées par l'apparition inattendue de l'infanterie française, culbutées par la violence du choc, les premières lignes de l'ennemi refluèrent en désordre. Mais le gros des troupes arabes et turques, encore en marche, les recueillit et les repoussa en avant.

Nos fantassins, hors d'haleine, tiraillaient maintenant avec rage. L'ardeur de la charge les avait entraînés beaucoup trop loin, et ils se trouvaient en pointe dans les masses arabes qui les entouraient en demi-cercle. Les ailes étaient découvertes, et seul le feu de mousqueterie maintenait l'ennemi à distance et l'empêchait de couper la retraite à nos hommes. Mais la violence de l'action vidait rapidement les cartouchières et la fusillade perdait d'intensité. Les soldats, au lieu de se servir des gibernes très incommodes qui gênaient leurs mouvements, avaient pris la mauvaise habitude de mettre leurs cartouches dans des mouchoirs qu'ils accrochaient à leurs buffleteries, et perdaient en courant leurs munitions.

Cependant, à la droite de la brigade Clouet, le maréchal de camp Achard subissait lui aussi une partie de l'attaque ennemie. Le 37ᵉ de ligne (colonel baron Feuchères), voyait ses avant-postes, puis ses grand'gardes, envahis et rejetés. Les Arabes attaquaient avec une fureur extraordinaire, arrachant à la main les chevaux de frise qui défendaient les abords de la ligne. Trois redoutes avancées furent successivement perdues. Heureusement, le régiment voisin du 37ᵉ tint bon. C'était celui du colonel d'Armaillé, le 14ᵉ d'infanterie. Il ne devait pas mentir à sa vieille réputation de bravoure.

Les grenadiers du 1ᵉʳ bataillon formaient sa grand'-garde. Immobiles derrière leurs épaulements, le capitaine et ses hommes voyaient l'ennemi approcher, refoulant les petits postes. Les Arabes étaient arrivés à demi-portée de fusil, quand une décharge générale bien ajustée les jeta par terre. La fusillade roulante les empêcha de se reformer; à l'instant la 2ᵉ compagnie de grenadiers arrivait en courant, apportant des cartouches à ses camarades, et prenant sa place. La 1ʳᵉ compagnie sortit alors des retranchements et s'avança en tirailleurs.

Dans ce moment critique entre tous, — il était entre quatre et cinq heures du matin, — l'esprit d'initiative du lieutenant général duc des Cars allait changer la situation.

Au premier feu, il avait fait prendre les armes à sa première brigade (Bertier de Sauvigny), composée du 2e régiment de marche et du 35e d'infanterie, auxquels vint se joindre le premier régiment de la brigade Hurel, le 17e de ligne. La 3e brigade et le 30e de ligne restaient à l'intérieur du camp retranché.

Le duc était à cheval, entouré de son état-major, et suivait de loin le développement de la bataille. Bientôt les renseignements que lui donnaient les blessés qui rentraient au camp lui permirent de juger de la situation très grave. Déjà, vers quatre heures du matin, il avait dépêché son chef d'état-major, le commandant Borne, auprès du général Clouet, pour savoir ce qui se passait. Mais avant même d'attendre le retour de cet officier, se rendant compte qu'il n'y avait plus de temps à perdre, le général prit la décision d'entreprendre, sous sa propre responsabilité, une manœuvre à laquelle, formant réserve d'armée, il n'était pas autorisé par le général en chef.

De l'emplacement où se tenait l'état-major de la 3e division, on distinguait à la lunette le 20e d'infanterie entouré d'ennemis et menacé sur sa ligne de retraite. La fusillade faiblissait de plus en plus; de plus en plus, les troupes semblaient à bout de forces.

Le duc estima avec raison qu'aller prendre les ordres du général de Bourmont équivalait à un retard peut-être fatal à la brigade Clouet et à toute l'armée.

Le premier régiment qu'il trouva sous la main était

le 35e de ligne. Il enjoignit au colonel Rullière de se porter, aussi vite que possible, au secours du 20e. Puis, piquant des deux, il marcha à l'ennemi, devant le front du régiment.

En route, il rencontra M. de Sesmaisons, officier attaché à l'état-major de la 3e brigade, que le général Clouet avant l'arrivée du commandant Borne, avait envoyé en toute hâte pour lui demander du secours. Le temps pressait. Au commandement du lieutenant général, le 35e d'infanterie prit alors le pas gymnastique, clairons et tambours en tête. Il n'était plus qu'à 300 mètres du front de bataille, quand l'ennemi, entendant la charge et apercevant les rangées étincelantes des baïonnettes françaises, s'arrêta, puis brusquement lâcha pied, fuyant en désordre. Étonnés par cette volte-face subite, les fantassins du 20e hésitèrent un instant à les poursuivre; mais la formidable voix du colonel Horric de Lamotte les rassembla; lancés dans une charge irrésistible, balayant les arrière-gardes ennemies, ils arrivèrent d'un seul bond jusque sur les hauteurs; là seulement ils s'arrêtèrent à bout de souffle.

De sa nouvelle position, le général Clouet vit la brigade Achard qui suivait son mouvement et occupait les mêmes hauteurs, à sa droite.

Sur le front de cette brigade, la charge des grenadiers du 14e avait entraîné les grand'gardes du 37e, puis à leur suite tout le régiment. En tête, le chef de bataillon Trémoux, un fusil à la main, avait mené ses hommes sur les redoutes perdues qui furent reconquises en un clin d'œil.

Exploitant alors habilement son succès, le maréchal

de camp Achard avait porté toute sa brigade en avant jusqu'à la hauteur du 20e de ligne dont la marche avait dégagé son aile gauche. Du reste, il eût été impossible de retenir l'ardeur des hommes, emportés par un enthousiasme indescriptible.

Le général Berthezène qui commandait la division, saisit immédiatement l'avantage, et envoya l'ordre à Poret de Morvan de passer à l'attaque. A peine la charge commença-t-elle à être battue, que les deux régiments partirent en avant d'un élan irrésistible, traversèrent rapidement la petite vallée qui se trouvait devant leur front, rejetèrent les vagues arabes et s'installèrent sur les hauteurs. Ainsi toute la 1re division avait avancé d'un coup, et tenait une position de choix à plus d'un kilomètre de son point de départ. A 5 heures et demie du matin, les derniers régiments avaient atteint la nouvelle ligne.

Mais que se passait-il à l'aile gauche?

Pendant que l'offensive du général Berthezène progressait ainsi victorieusement, le lieutenant général des Cars, dont l'heureuse initiative permit le succès, avait empêché le colonel Rullière de s'engager inutilement plus avant. Du mamelon où se trouvait la section d'artillerie Lamarre, il aperçut alors (quatre heures et demie du matin), dans les dunes, sur sa gauche, la lutte désespérée que soutenait le colonel Mounier. Il lui était impossible d'envoyer rapidement ses propres troupes au secours de ce bataillon. Pour cela, il eût fallu que le 35e descendît le ravin profond qui séparait le plateau des dunes, et le remontât sous le feu d'un ennemi très supérieur en nombre. Mais il y avait la brigade Colomb d'Arcine qui, juste derrière le bataillon de La Bigne pouvait le débloquer.

Son commandant attendait vainement des ordres ; le divisionnaire, général de Loverdo, se trouvait avec ses deux autres brigades à l'extrême droite, et ne pouvait évidemment savoir ce qui se passait si loin de lui. Le duc des Cars n'hésita pas à prendre, pour la deuxième fois, la responsabilité d'un mouvement hardi. Il dépêcha un de ses officiers à la 3e brigade pour demander au général d'Arcine de se porter d'urgence au secours du colonel Mounier. Il lui promettait l'appui immédiat des troupes de sa division, et ordonnait au colonel Rullière de marcher avec son régiment en soutien de cette brigade.

Colomb d'Arcine manquait peut-être d'esprit d'initiative, mais c'était un beau soldat. A l'appel du duc des Cars, il ne balança pas un instant, appela à lui le 29e qui se trouvait en réserve derrière le 21e, et, à la tête de toute sa brigade, partit à cheval en avant. De même que quelques minutes plus tôt, lors de l'arrivée sur le front du 35e de ligne, la seule apparition des masses noires de l'infanterie française mit les Arabes en fuite. Le colonel Mounier, voyant arriver ce renfort inespéré, fit battre le rappel, et se dressant sur ses étriers, l'épée haute : « Vive le Roi, cria-t-il, et en avant ! » A côté du colonel, le drapeau est en première ligne ; l'ennemi n'oppose plus aucune résistance. Précédant avec les restes de son bataillon [1] la brigade d'Arcine, Mounier pousse

---

1. Pertes du régiment : 18 tués, 35 blessés graves, dont 2 officiers, 19 blessés légers. (*Le 28e de ligne. Historique du régiment*, par Émile Simond, lieutenant, Paris, Mégard, 1889.)

jusqu'à l'Oued-Bakara [1] où il s'arrête. Les deux régiments qui le suivent se déploient immédiatement à droite, traversent les ravins, et opèrent leur liaison avec les fantassins du général Clouet qui les accueillent en brandissant leurs shakos au bout des fusils.

Le colonel de Lachaux, commandant le 29e de ligne, rejoignit, sur les bords de l'oued, le colonel Mounier. C'étaient deux vieux soldats qui avaient servi ensemble dans les vélites de la Garde Impériale, et qui étaient liés, depuis de longues années, par une étroite amitié. A la vue de son ami, Mounier sauta de cheval devant le front des troupes et l'embrassa.

Sur la passerelle des bricks mouillés dans la baie est, les capitaines de frégate Andréa de Nerciat, Du Petit-Thouars et Gay de Taradel, avaient suivi, angoissés, l'héroïque combat que livrait le bataillon de La Bigne. Trop distants de la côte, l'*Alerte*, le *Griffon* et le *Du Couëdic*, ne pouvaient les aider sans risquer de tirer sur les Français dont les lignes étaient entremêlées avec celles des Arabes. Mais lorsque les nôtres dégagés purent enfin se porter en avant, l'artillerie navale, prenant pour cibles les dunes de l'Oued-Bakara, eut vite fait de balayer de ses feux tout le terrain occupé par l'ennemi. Devant ce déluge de mitraille, cavaliers et fantassins disparurent bientôt derrière les monticules de sable. Attirée par le canon, la frégate l'*Iphigénie* (capitaine de vaisseau Christy de La Pallière), entrait à ce moment dans la rade, mais déjà le combat était terminé.

---

1. Oued-bou-kara. Nous lui donnons le nom francisé qui figure dans l'*Historique du régiment.*

Ainsi non seulement l'attaque turque s'était brisée complètement contre notre aile gauche, mais encore la contre-offensive avait rejeté l'ennemi et éloigné de Sidi-Ferruch la menace turque.

*
* *

Sur l'aile droite, le combat fut moins violent. Le bey de Constantine avait dirigé ses colonnes d'abord sur Haouch-Bridja, non loin du petit bois d'orangers mentionné sur la carte du colonel Boutin. De cet endroit, l'Oued-Bridja, bordé de lauriers-roses, descendait en ligne sinueuse jusqu'à la mer, et formait un fossé devant le front de la 2e division.

La brigade Damrémont avait en face d'elle un mamelon allongé. Aux premières heures du jour, on vit déboucher 4 à 500 fantassins arabes, commandés par des cavaliers. Ils employaient une tactique curieuse et inconnue. Un cavalier galopait en avant, armé d'une lance sur laquelle flottait un petit étendard. Il piquait la lance en terre, et immédiatement les fantassins se précipitaient autour du fanion, et déchargeaient leurs fusils sur nos lignes. Puis le cavalier reprenait sa lance et la portait plus en avant, amenant ainsi ses troupes, par bonds successifs, jusque devant nos voltigeurs. Mais ceux-ci tinrent bon, et les assaillants s'arrêtèrent.

Devant la brigade Monk d'Uzer, les Arabes, protégés par la broussaille très dense, se glissaient en rampant jusqu'à petite portée de fusil. Ils dirigeaient leur feu principalement sur les artilleurs de la batterie de montagne qui, abritée derrière un coude de l'Oued-Bridja, battait également la plage toute proche de la baie ouest. Puis, passant brusquement à l'attaque, l'ennemi réussit à traverser le ruisseau et à s'approcher de la batterie. Le feu des canons et une heureuse contre-attaque du 48e de ligne le rejeta au delà de l'oued.

Il se borna alors à une fusillade très vive mais qui n'occasionnait pas de pertes à nos soldats bien abrités. Le combat continuait ainsi sans animation jusqu'au moment où la division Berthezène passant à l'offensive, décolla de son front. Le général Damrémont, libre sur sa gauche, se mit alors également en mouvement, en maintenant la liaison avec la brigade voisine. Le cri de « En avant ! » retentit de toutes parts. Les voltigeurs avançaient en amont de l'Oued-Bridja qu'ils arrivèrent à forcer. Ils progressaient droit devant eux, marchant aussi vite que possible, pour couper l'ennemi du camp de Staouéli. L'acharnement de l'adversaire les en empêcha ; dans les ravins escarpés, les troupes de Constantine se défendaient pied à pied. Il fallut conquérir le terrain à la baïonnette. Lentement la brigade avançait depuis la ferme d'Haouch-Bridja [1] jusqu'au point culminant du mamelon allongé d'où l'ennemi était venu. Quand elle y parvint, toute la division Berthezène campait déjà sur les hauteurs. L'ennemi en fuite s'était reporté maintenant sur les abords de Staouéli.

Sur l'extrême droite, cependant, le général Monk d'Uzer tardait toujours à paraître. Plus que les Arabes

---

1. C'est là que se trouve actuellement la colonne de l'armée française.

les difficultés du terrain arrêtaient sa marche, et surtout celle des obusiers du capitaine Lelièvre. Faute de chevaux, il fallait traîner les pièces à bras et porter à dos d'homme 32 caisses de munitions pesant 40 kilos chacune. Par la suite, ce retard fâcheux nuira gravement à l'offensive générale qui allait se déclancher.

Le général de Bourmont avait dès le premier matin suivi l'action du haut de la tour de Sidi-Ferruch. Ayant donné ses instructions la veille au soir, il en laissait l'exécution à ses divisionnaires. Mais lorsqu'il vit la contre-attaque porter nos troupes si loin en avant, il décida de prendre lui-même la direction des opérations.

Avant de descendre de la tour, Bourmont tourna ses regards une fois de plus vers la mer : les voiles du dernier convoi restaient toujours invisibles. Cependant, à ses pieds, dans la baie ouest, le débarquement continuait. Déjà au milieu des grands vaisseaux, se glissaient les petits voiliers toscans et maltais qui amenaient commerçants et mercantis de toute espèce. Ils établissaient leurs tentes sur le rivage, et donnaient au camp un aspect déplaisant de guinguettes de banlieue que toléraient cependant de vieilles habitudes prises pendant les campagnes napoléoniennes.

Le général en chef était parvenu au pied de la tour. Accompagné du général Desprez et d'une nombreuse suite, il monta à cheval. Toute la cavalerie disponible l'escortait; hélas! elle ne comptait toujours que 25 chasseurs. Les trois lieutenants généraux l'attendaient au centre de la 1re division.

En quittant Sidi-Ferruch, Bourmont avait prescrit d'envoyer la brigade Bertier de Sauvigny en soutien des deux ailes. Le colonel Rullière était donc reparti en avant, derrière les brigades Arcine et Clouet, et le colonel de Neuchèze, avec le 2e régiment de marche, suivait les généraux Damrémont et Monk d'Uzer. La 2e brigade prit position en avant du camp retranché; la 3e restait de garde.

Il était peu après sept heures quand le général en chef arriva sur le front.

Le brouillard du matin se levait maintenant et le soleil éclairait au loin les tentes et les fanions multicolores du camp arabe. Deux grandes batteries turques, élevées la veille et l'avant-veille, tiraient sans arrêt sur nos lignes. Devant elles, des rangées d'Arabes accroupis exécutaient des feux roulants. Leurs longs fusils ne pouvaient être contrebattus que par les fusils de rempart.

Le général de La Hitte qui avait amené en première ligne l'artillerie de campagne et les obusiers canonnait les pièces turques. Nos fantassins, couverts par les tirailleurs, étaient étendus à terre, derrière de minces replis de terrain. Surexcités par la bataille les hommes brûlaient du désir de se jeter sur le camp arabe. Ils sentaient leur force et voulaient achever la déroute de l'ennemi.

Le général en chef embrassa d'un coup d'œil la nouvelle position. Bien que souriant et aimable à son habitude, il se montrait préoccupé.

L'avancée inattendue de ses deux premières divisions

le mettait dans une situation imprévue. Il estimait en effet, et avec raison, que son camp de Sidi-Ferruch, rendu inviolable aux attaques arabes, formait une base certaine sur laquelle il devait pouvoir se replier à tout instant. Seulement il ne voulait quitter la protection des redoutes et des retranchements qu'en possession de tous ses moyens, c'est-à-dire après avoir mis à terre tout ce qui lui manquait encore : le grand parc de siège, et surtout les chevaux de l'administration et du génie, dont les trois quarts ou les deux tiers étaient encore à bord. Le débarquement des chevaux que transportaient les bâtiments-écuries de la 2e section du convoi, arrivée seulement le 17, se faisait avec une lenteur désespérante. En attendant, seul le nouveau modèle souple et léger d'artillerie de campagne, tiré à bras, pouvait suivre l'infanterie. Qu'aurait-on fait devant les murs d'Alger sans pièces lourdes et sans subsistances ? Le chef d'état-major résumait ainsi la situation : une pointe prématurée sur Alger ne sera qu'une vaine démonstration après laquelle il faudra se rapprocher du point de débarquement, ce qui fera perdre un temps précieux et découragera nos soldats, tout en rendant la confiance aux troupes algériennes [1].

Ces raisons, Bourmont les exposa posément à son auditoire de généraux. Il concluait : Je regrette l'avance imprévue que l'armée a été amenée à faire; mais puisqu'elle se trouve ici, il faudra bien garder les positions conquises, en attendant qu'on soit en mesure de pousser plus loin.

---

1. Desprez, *op. cit.*, p. 114 et suiv. *Passim*, également Berthezène, *op. cit.*

Le général Berthezène demanda alors vivement la parole. C'était un vieux soldat et un brave cœur qui disait ce qu'il pensait. Il sollicita du général en chef la permission de lui faire observer que la situation présente était intenable, la nouvelle ligne étant loin de valoir celle qu'on venait de quitter. Cela sautait aux yeux. Il montrait en avant les crêtes dominantes de Staouéli d'où les feux plongeants de l'ennemi commençaient à faire éprouver à nos troupes des pertes sérieuses. Les deux ailes étaient complètement en l'air, détachées de la côte. On pouvait craindre que l'Agha, voyant l'inactivité de notre ligne, ne reprît courage, et recommençât ses attaques qui, cette fois, pouvaient aisément nous couper du camp retranché.

L'armée, fière de sa victoire, s'impatientait. L'arrêt prolongé la mettait de mauvaise humeur, et, renouvelant la vieille habitude familière du troupier, elle grognait.

Xénophon eût tiré de l'allocution du général Berthezène une admirable page d'éloquence. Couvert de sueur et de poussière, après avoir mené une rude bataille de trois heures, Berthezène tordit le cou à l'éloquence. Durement exprimées, mais frappantes d'évidence, on sentait passer dans la véhémence de ses paroles le flair des vieux guerriers inhabiles à traduire ce qui ne se raisonne pas toujours mais qui va tout droit à ce qui est.

Bourmont réfléchit quelques instants. Depuis qu'il portait la grave responsabilité de l'expédition, le conspirateur devenu ministre et commandant en chef penchait d'instinct vers la prudence; mais il était trop intelligent pour être têtu.

« Général, vous avez raison, dit-il au baron Berthezène.

Nous engagerons l'action immédiatement et prendrons le camp ennemi; mais, celui-ci une fois dépassé, l'armée s'arrêtera. Nous ne pouvons, pour le moment, progresser plus avant sans graves dangers. Je prendrai personnellement la direction du mouvement. » S'adressant ensuite au général de Valazé : « Général, vous allez immédiatement ouvrir une route qui suivra notre mouvement. Vous avancerez à mesure que nous avancerons. Ce soir, vous arriverez derrière nous à Staouéli. » Le général de Valazé se fit apporter des jalons, et commença à poser lui-même, en courant à cheval, les premières indications de la route que les soldats du génie ouvrirent sous ses yeux. « Monsieur l'intendant, dit alors le commandant en chef au baron Denniée, vous allez réunir tous les moyens de transport; vous placerez ici vos fourgons attelés et chargés de munitions et de vivres, et vous arriverez ce soir au camp de Staouéli avec la route qu'on commence[1]. » Il fit également ordonner, par le duc des Cars, à sa seconde brigade, de monter en ligne, pour former réserve générale de l'aile gauche. Puis il dicta ses ordres au général Desprez.

Le plan que le général de Bourmont avait conçu était l'exact pendant de celui que l'Agha Ibrahim avait tenté le matin mais, cette fois, sur une plus vaste échelle. Il s'agissait de faire pivoter toute l'armée sur son aile gauche. Les deux brigades de la division Loverdo formant l'aile marchante remonteraient l'Oued-Bridja, et, prenant le camp par le sud, rejetteraient l'armée algérienne entre le centre français et la mer. Tout le front de bataille

---

1. Détails communiqués par le comte Louis de Bourmont, aide de camp du général en chef, à Alfred Nettement, *op. cit.*

suivrait le mouvement au fur et à mesure, en échelons par régiment; le centre repousserait à son tour l'ennemi vers le nord, coupant ainsi l'Agha de sa retraite sur Alger, et l'écraserait du coup en l'acculant à la mer.

Le chef d'état-major expédia rapidement les ordres de détail.

Malheureusement le succès de la manœuvre reposait sur la rapidité avec laquelle le général de Loverdo ferait avancer ses deux brigades. Elles avaient été peu éprouvées par le feu, mais la nature du terrain, les ravins, les broussailles et les pierres, rendirent leur marche lente et pénible. Peut-être aussi Loverdo exagéra-t-il les précautions à prendre? Les Mémoires des généraux de l'expédition en parlent avec une très grande discrétion; cependant les mots de « malentendu », « lenteur », qui s'y répètent laissent deviner combien la manœuvre imparfaite du général commandant la 2e division avait déçu ses camarades en privant l'armée du succès complet qu'elle espérait.

Déjà, formés en colonnes, les régiments attendaient l'arme au pied le moment de partir. Tous les regards se tournaient impatients vers la droite où la 2e division tardait toujours à paraître. Et le feu des Turcs continuait, nourri et meurtrier. Il était impossible de rester plus longtemps sur la position; les hommes répétaient tout haut dans les rangs : « En avant! en avant! »

Le général en chef s'était transporté avec le général Berthezène sur une hauteur, au centre de la brigade Achard. Il était déjà neuf heures, et Loverdo ne paraissait pas encore! Bourmont sentit qu'en prolongeant l'attente, il compromettait le succès de toute l'opération, et, sacrifiant à regret son premier plan, il décida l'attaque frontale. Déjà, on voyait en face la cavalerie ennemie se reformer pour une nouvelle charge; il n'y avait plus une minute à perdre.

Le mouvement devait commencer par la droite de la 1re division. Une fois de plus, Poret de Morvan était le premier à l'honneur. Un cri formidable de « Vive le Roi! » part des rangs de sa brigade où les tambours battent la charge. Officiers en tête, les deux régiments traversent en courant la vallée étroite qui les sépare de l'ennemi. Puis, l'arme au bras, ils gravissent les pentes couronnées par les batteries arabes. Le feu de l'ennemi était heureusement mal ajusté, et, sous la protection de l'angle mort, les fantassins entendaient les balles et les boulets passer en sifflant au-dessus de leurs têtes.

Le général de La Hitte amenait en personne ses sections de campagne, suivant et précédant même quelquefois la première ligne d'infanterie.

Sur la crête, le feu d'artillerie et de mousqueterie balayait le terrain. L'infanterie s'arrêta et se déploya à terre, seule l'artillerie continua; avec l'audace d'un sous-lieutenant, le général de La Hitte la mena à demi-portée de canon des batteries turques et ouvrit le feu.

Cependant l'infanterie ne pouvait encore déboucher. Le général de La Hitte repartit alors à cheval auprès du général Achard pour lui signaler que, dans quelques instants, l'artillerie française aurait fait taire les canons ennemis et que c'était le moment d'attaquer à son tour. Sa demande cadrait avec les ordres généraux reçus; le 14e et le 37e de ligne s'ébranlèrent, toujours par échelons, suivis du 20e. Le 14e avait mission de tourner les batteries par la droite, tandis que le 37e attaquait de front, et que le 20e contournerait à gauche les épaulements. Mais le 37e, précédé par les voltigeurs du capitaine Behaghel, ne permit pas aux autres régiments de l'aider dans la conquête des batteries ; il les aborda de front avec une telle impétuosité que les canonniers turcs n'eurent ni le temps de se servir de leurs pièces, ni celui de les enclouer. Les baïonnettes françaises, en un clin d'œil, avaient fait place nette.

Pendant que la vague d'infanterie déferlait ainsi, l'artillerie, allongeant son tir, canonnait les tentes du camp de Staouéli. Les fusées à la Congrève, lancées habilement, éclataient au milieu des cavaliers, des fantassins, des animaux, qui fuyaient dans un désordre indescriptible. Ce fut une telle débâcle que nos soldats, entraînés par le général Achard, envahirent en trombe le camp pour n'y plus trouver que quelques morts et des agonisants. Le 14e, toujours conduit par le général, le traversa sans s'arrêter et vint prendre position en avant et à gauche, sur la route d'Alger.

Le 37e le suivit, et, vers midi, toutes les brigades s'étaient rejointes.

Bourmont avait suivi la bataille du haut du mamelon central. Il se porta alors en avant sur la nouvelle ligne des troupes. Celle-ci, appuyée au sud tout le long du cours de l'Oued-Bridja, avait pris une forme allongée. En commençant par la baie ouest, la brigade Bertier de Sauvigny tenait, avec le 2e de marche, les berges du ruisseau, depuis la mer jusqu'à la ferme Haouch-Bridja, où le 35e de ligne, remontant vers le nord, remplaçait la division Berthezène, entre la route et les dunes. Devant la ferme, sur les deux rives de l'oued, les grand'gardes de la brigade Monk d'Uzer élevaient à la hâte un ouvrage autour duquel étaient placés ses petits postes. Ces troupes rejoignaient alors celles du général Damrémont de garde au camp vers l'est, appuyées sur un affluent de l'Oued-Bridja qui, à cet endroit, coule au milieu des touffes de lauriers-roses, dans un ravin large et peu profond. Au centre du camp, bivouaquait l'infanterie du maréchal de camp Poret de Morvan. L'Oued-Bakara, dont la source est à proximité, formait la limite entre cette brigade et celle du général Clouet. Celle-ci fut portée dans la partie nord du camp, et s'étendait jusqu'autour de la fontaine, sur le sentier menant vers Alger. Un peu en arrière, la brigade Achard gardait la corne nord-ouest du camp, à cheval sur la route où la masse principale de l'armée d'Ibrahim s'était enfuie [1]. Enfin, la brigade d'Arcine bordait l'Oued-Bakara vers la mer.

Après avoir pris toutes ces dispositions défensives, le général en chef put à loisir visiter le camp ennemi. Malgré la vivacité de l'attaque, il n'y avait eu aucun pillage, et tout était encore dans le désordre pittoresque dans lequel l'avait laissé la fuite précipitée des troupes de l'Agha. 284 tentes, disséminées par petits groupes, entouraient celles d'Ibrahim, du bey de Constantine et du pacha de Titteri; véritables pavillons, recouverts au dehors d'une toile grossière, elles étaient garnies au dedans d'une étoffe de laine rouge, enrichie de dorures et d'ornements de diverses couleurs, et partagées en

1. A proximité de l'Oued-bou-Kara, se trouve, à la cote 101, la Croix de Bourmont.

plusieurs pièces par des rideaux de même étoffe. Le général décida sur-le-champ que la plus belle de ces tentes serait envoyée en hommage au duc de Bordeaux.

Des animaux de toutes sortes erraient en désordre, des mulets, des ânes, des bœufs, des moutons, en quantité considérable; 150 chameaux, inquiets et maladroits, fuyaient devant les soldats qui les pourchassaient en riant. Les magasins de vivres regorgeaient de provisions, de farine, de café, de sucre, d'oranges et de citrons.

Toute l'artillerie ennemie, six canons de bronze et deux mortiers, était tombée entre nos mains. Deux sentinelles françaises gardaient la tente du payeur général de l'armée turque qui contenait une importante somme d'argent; d'autres sentinelles et des rondes maintenaient l'ordre et empêchaient toute velléité de pillage.

L'emplacement du camp était exactement là où, de nos jours, s'élève l'ancien couvent des Trappistes; il se trouvait, par conséquent, à l'est du village actuel de Staouéli. De cet emplacement, le général en chef pouvait embrasser toute la plaine, semée de massifs d'orangers, de figuiers et de lauriers-roses, dominés par l'éventail vert de quelques rares palmiers. Point d'habitations, mais quelques ruines, en partie romaines, cachées parmi les hautes herbes et les arbrisseaux. L'horizon était fermé par les collines de la Bouzaréa, la succession de hauteurs qui forment le contrefort derrière lequel s'étage la ville d'Alger et celles de Dely Ibrahim, où passe la voie romaine indiquée sur la carte de Boutin.

C'était la route d'Alger.

Toujours impassible, Bourmont contemplait l'horizon où avaient disparu les derniers Arabes. L'occasion eût été unique de les poursuivre l'épée dans les reins, et, peut-être même, profitant de la panique ennemie, d'arriver d'un seul coup jusque dans la ville. Le général en chef s'imaginait facilement la rentrée des fuyards, le découragement des habitants, et le désaccord qu'une déroute aussi complète avait dû produire dans les commandements et les Conseils du Dey. Mais la victoire complète lui échappait encore. Le dernier convoi était encore en mer; on venait d'apprendre qu'il n'avait quitté Palma que le 18 juin[1]. Les 25 cavaliers du colonel Bontemps du Barry ne pouvaient s'élancer seuls à la poursuite de l'ennemi, et tous les autres moyens de transport étaient réduits à l'extrême. Une fois de plus, il fallait patienter.

Plus tard, on se rendit compte que, malgré tout, l'opération eût été possible mais fort dangereuse. « Au lendemain de Staouéli, c'eût été jouer gros jeu que de tenter l'aventure, dans un pays absolument inconnu, au milieu d'ennemis incapables de résister dans une bataille rangée, mais redoutables dans la guerre de détail[2]. »

Bourmont ordonnait de distribuer aux hommes des vivres frais pris sur les provisions de l'ennemi et de commencer, dès le lendemain, les travaux pour défendre le camp. Déjà les sapeurs du général de Valazé avaient poussé la route jusqu'à Staouéli; les premiers chariots

1. Le lieutenant de vaisseau Cavayé, dans son plaidoyer *pro domo* de l'amiral Duperré (*Revue Maritime*, 1923, t. II, p. 605 et suiv.), dit que le dernier convoi avait quitté Palma le 17, et fut retenu par le calme et des vents contraires. Il ajoute également que ce convoi portait environ la moitié des chevaux de toute l'armée; la 2ᵉ section, celle qui arriva le 17, en avait amené 1700.

2. Capitaine Rouquerol, *Expédition de 1830*, p. 55.

de l'intendance qui apportaient munitions et ravitaillements s'en retournaient à Sidi-Ferruch avec les morts et les blessés. Le service de santé avait parfaitement organisé les hôpitaux de l'arrière, ainsi que les bateaux destinés à évacuer les malades et les blessés sur la base sanitaire de Palma.

La journée du 19 juin avait été chaude : 21 000 Français s'étaient trouvés en ligne; les pertes étaient de 57 morts et 473 blessés. La 1re division avait à elle seule 44 morts et 344 blessés, la plupart de la brigade Clouet. Les pertes arabes furent évaluées à environ 4 000 tués et blessés; mais beaucoup de cadavres avaient été emportés par les cavaliers ennemis qui, liant les corps par paquets de trois ou quatre, les traînaient derrière eux avec des cordes. Les blessés arabes recueillis par nous furent soignés comme les nôtres; il y en avait fort peu; ceux qui n'avaient pu être sauvés par les leurs préféraient se poignarder plutôt que de tomber vivants entre les mains des Français.

Il n'y avait plus un Arabe en vue; les hommes allumaient maintenant de grands feux pour préparer le repas du soir. Le nombre des moutons était tel qu'on put distribuer une bête par deux soldats. Ce fut une véritable joie pour nos hommes qui, depuis un mois, ne mangeaient que de la viande salée. Dans la soirée, le général rentra à Sidi-Ferruch pour expédier son rapport au Roi. Il y faisait un magnifique éloge de l'armée et de ses chefs.

« L'ardeur des troupes était telle qu'il était difficile de la contenir... Il serait impossible de peindre l'enthousiasme qu'elles firent éclater lorsque le signal d'attaquer le camp fut donné. » A côté de l'héroïsme des fantassins il tenait à signaler tout particulièrement l'action de l'artillerie. « Malgré les difficultés du terrain, l'artillerie volante du nouveau modèle fut constamment en première ligne. Son extrême mobilité dut contribuer puissamment à l'épouvante de l'ennemi. Pour tous ceux qui ont pris part au combat de Staouéli, la question paraîtra décidée entre l'ancien et le nouveau système[1]. » Et trois jours plus tard, il ajoutait dans un nouveau rapport : « Dès le commencement de l'affaire, nos batteries ont fait taire celles de l'ennemi. On doit ce résultat à l'habileté avec laquelle M. le général de La Hitte les a dirigées, à la bravoure des canonniers, et à la justesse remarquable de leur tir; toute l'armée leur rend ce témoignage. Le général Clouet cite le lieutenant de Lamarre comme ayant contribué puissamment au succès qu'a obtenu sa brigade. M. le général de Loverdo ne donne pas moins d'éloges au capitaine Lelièvre qui commandait sur la droite la batterie d'obusiers de montagne. Les mulets destinés au service de cette batterie n'étaient pas encore arrivés; l'ardeur des canonniers y a suppléé. Ils ont porté les munitions et traîné les pièces à la bricole. Le lieutenant Vernier qui, depuis le 15 juin, était attaché à la division Berthezène, a marché constamment avec ses obusiers de 24 sur la ligne, et même en avant des tirailleurs. » Suit une longue liste de propositions soumises par les commandants des divisions, où nous retrouvons les noms des colonels Horric de Lamotte, Mounier, Feuchères, Magnan

---

1. Rapport du 19 juin 1830,

(le futur maréchal), du chef de bataillon Trémoux, et d'une vingtaine de capitaines et lieutenants, sans oublier les soldats, les chirurgiens et l'intendance. Le zèle et l'activité infatigables du baron Denniée avaient permis la construction rapide des vastes hangars-hôpitaux où les blessés jouissaient d'une fraîcheur à laquelle ils n'étaient plus accoutumés. Les petites voitures à deux roues dont l'intendant en chef avait conçu lui-même le modèle rendirent les services les plus précieux.

Les journaux de marche des régiments et les récits des combattants contiennent mille traits de bravoure individuels auxquels manquait rarement le côté joyeux. « Le capitaine de Trobriant, du 37e d'infanterie, qui commandait nos avant-postes dans la matinée du 19, raconte le capitaine Allut[1] du même régiment, ayant été blessé, dès le début de l'action, d'un coup de feu dans la poitrine, un autre officier fut envoyé pour le remplacer; mais Trobriant refusa de se retirer. Cependant, au bout de quelque temps, affaibli par la perte de son sang, il fut obligé de se laisser conduire à l'ambulance. Chemin faisant, Trobriant avise un cheval sellé et bridé attaché à un arbuste; il se dit tout à coup que s'il ne peut suivre sa compagnie à pied, il pourra le faire à cheval, et le voilà qui se fait hisser en selle et qui pique des deux pour rejoindre les avant-postes. Derrière lui, courait à toutes jambes un officier d'état-major, haletant, n'en pouvant plus; c'était le propriétaire du cheval; il criait, jurait; Trobriant n'écoutait rien. Enfin ce dernier, exténué par cet effort, dut être emporté

1. *Expédition contre Alger*, par le capitaine P. A. Allut, du 37e d'infanterie, *Carnet de la Sabretache*, 1902, p. 154 et suiv.

malgré lui à l'ambulance. Il y aurait beaucoup de traits de ce genre à raconter. »

Ainsi se termina cette journée du 19 juin dont le succès, bien qu'incomplet, devait cependant décider souverainement de la suite des opérations.

L'armée de Charles X, se plaisaient à dire quelques vieux grognards survivants des armées napoléoniennes, s'y était couverte de gloire, et se montrait digne du passé.

Quinze ans plus tard, le comte de Bourmont, cassé par l'âge, attendait la mort dans son château de Bourmont. Il avait tout perdu, grades, titres, honneurs, fortune. Dans sa profonde disgrâce, il ne lui restait que ses souvenirs. L'une des plus chères images — la plus pure — du passé qu'il aimait à faire revivre était cette soirée du 19 juin 1830. La sonnerie aux champs immobilisait les troupes; les cris de « Vive le Roi! » alternaient avec les refrains entraînants des musiques militaires qui jouaient *Vive Henri IV !* Lui, Bourmont, le vainqueur d'un ennemi qui avait résisté jusque-là aux plus illustres capitaines, passait au galop devant le front des régiments, au camp de Staouéli, sous le beau ciel de cette Afrique déjà conquise pour son Roi et son pays.

CHAPITRE XI

COMBATS DE SIDI-KHALEF

Panique à Alger. — Couardise de l'Agha Ibrahim. — Reconnaissance du général de Valazé. — Les convois arrivent trop lentement et empêchent d'exploiter le succès. — Attitude de l'amiral Duperré.
L'armée se fortifie sur ses nouvelles positions. — Les Arabes reprennent courage. — Combats incessants. — Attaque du 23 juin. — L'armée se rend maîtresse du plateau de Sidi-Khalef. — Blessure du lieutenant Amédée de Bourmont.
Le général en chef décide l'attaque d'Alger, aussitôt ses principaux convois débarqués. — Le bey de Titteri remplace l'Agha Ibrahim à la tête de l'armée algérienne. — Celle-ci reprend une nouvelle force offensive. — Combats meurtriers sur le front.

Depuis l'aube, l'Allemand Simon Pfeiffer, perché sur le plus haut mirador de sa demeure, scrutait l'horizon. Le bruit de la canonnade avait réveillé les Algériens ; les hommes qui étaient dispensés du service militaire se rendaient en toute hâte sur les hauteurs de la Bouzaréa ; d'autres poussaient jusqu'au champ de bataille, se promettant d'assister à un pillage en règle et de rentrer, si la chance les favorisait, avec une tête de Français fraîchement coupée. L'avarice du Dey avait fait baisser le cours de cette précieuse marchandise; elle valait cependant encore le voyage jusqu'à Staouéli[1].

Seuls les Juifs se terraient. Une longue expérience leur enseignait que toute guerre se terminait inévitablement à leur détriment. Vainqueurs ou vaincus, les soldats du Dey, en rentrant à Alger, se portaient sur le quartier juif et clôturaient la journée aux dépens des fils d'Israël et de leurs épouses.

Vers dix heures du matin, un officier de l'Agha arrivait à bride abattue pour faire connaître au Dey que la grande bataille était engagée et que tous les Français seraient exterminés avant le coucher du soleil. L'heureux messager fut comblé de cadeaux par Hussein, et les youyou des femmes sur les toits annoncèrent au loin la victoire des Croyants.

Simon Pfeiffer venait d'apprendre cette nouvelle qui, pour lui, n'avait rien de réjouissant, quand il s'aperçut que la lointaine canonnade diminuait d'intensité. Bientôt elle cessa complètement. Cet arrêt, se disait l'Allemand, ne correspond point du tout aux dernières nouvelles qui prévoient une bataille de toute la journée. Comment le canon de la flotte ne s'entend-il pas?

Naturellement Pfeiffer aimait la logique; n'était-il pas de la patrie de Kant? Aussi, après mûre réflexion, et pour des causes toutes personnelles, refusa-t-il de partager la joyeuse agitation des Algériens qui déjà se félicitaient réciproquement de la victoire.

1. Au début, le Dey payait 40 à 50 douros espagnols par tête; puis les prix baissèrent à 30, 20, 10, et même 5 douros, et à la fin, il se contentait de faire inscrire dans un livre d'honneur les noms de tous ceux qui lui apportaient une tête de Français, promettant de les récompenser après la campagne.

Leur joie allait être de courte durée. Bientôt les premiers fuyards à cheval entraient par les portes de la ville. Puis le flot grandissant de l'armée en déroute se répandait dans les rues; on ne pouvait plus nier toute l'étendue du désastre. Les Turcs accusaient les Arabes d'avoir fui, et ceux-ci reportaient toute la honte sur les Kabyles qui auraient trahi en pleine action, quittant subitement le champ de bataille pour se retirer dans leurs montagnes. De tous temps et en tous lieux, la trahison reste la grande ressource morale des vaincus. En réalité, les Kabyles ne s'étaient retirés qu'après la déroute, alors que Turcs et Maures regagnaient en vitesse les murs protecteurs d'Alger.

Le compatriote de Kant n'était pas fâché de voir sa déduction logique confirmée par les événements. Plus de cent fois, racontait-il plus tard, je montai l'après-midi sur la terrasse de ma maison avec ma longue-vue, pour voir arriver les sauveurs. Chaque fois, je redescendais triste et inquiet. Les déductions du médecin se brouillaient, et, à force de logique, il ne comprenait plus rien. Il fut tiré de ses rêveries anxieuses par l'appel du Khaznadji. Pfeiffer trouva son maître, affalé sur des coussins, seul et pensif. « La bataille est perdue, dit-il; les blessés affluent; il faut des médecins; je vous nomme chef du service de santé; faites de votre mieux; en récompense, je vous donnerai la liberté. » Balbutiant de plaisir, Pfeiffer baisa la main du ministre et se mit en devoir d'assurer son service. A 4 heures de l'après-midi, 1 500 blessés gisaient dans les rues et sur les places. Rien n'avait été préparé. Il fallait que Pfeiffer improvisât tout, et, pour ce faire, qu'il appliquât l'*impératif catégorique*.

Il fit ramasser par les janissaires tous les barbiers juifs ou maures ; on en trouva vingt et un. Les Israélites, qui croyaient qu'on allait leur couper la tête, se jetaient par terre et baisaient les pieds de Pfeiffer ; les Maures, par contre, furieux à l'idée de devoir panser les Turcs, refusaient. Le médecin en chef ne se laissa pas démonter pour si peu ; il donna l'ordre d'appliquer la bastonnade aux vingt et un barbiers, sans distinction de race ou de religion. Puis, ceci fait, on se mit à l'œuvre ; mais bientôt Pfeiffer se rendit compte que cinq seulement parmi les barbiers étaient capables de faire un pansement. Il dégrada les seize autres au rang de sous-infirmiers, et, sous la menace de la bastonnade, il les assit en rond pour déchirer toutes les vieilles loques qu'un ordre du ministre de la Justice avait amoncelées devant eux, et qui tenaient lieu de charpie. L'Allemand, on le voit, faisait consciencieusement son métier. Dans une caserne, il avait réuni huit cent soixante blessés ; sept cents autres malheureux traînaient un peu partout. Force était d'appliquer la plus rudimentaire des chirurgies. Tant qu'il ne s'agissait que de bandager et d'extraire des balles, les connaissances de l'étudiant en médecine pouvaient suffire ; mais lorsqu'on lui amena un janissaire dont tout l'avant-bras était broyé par un boulet, il fallut bien se résoudre à l'amputer. Pfeiffer y alla hardiment et fut bien heureux, quelques jours plus tard, de retrouver son premier client en voie de guérison. A 10 heures du soir, rompu de fatigue, le chirurgien improvisé se retira, pour recommencer dès l'aube. En quinze jours, 2 000 blessés passèrent par ses mains ; il y avait même parmi eux des femmes ; quelques-unes avaient accompagné leur mari ou leur fils, mais la plupart étaient des prostituées. Elles avaient l'habitude de suivre les combattants en portant sur leur dos des outres d'eau pour les hommes. Pfeiffer fut même appelé au chevet de la plus riche et la plus célèbre propriétaire de maison de tolérance qui, s'étant imprudemment hasardée du côté de Staouéli, fière de sa popularité dans l'armée, avait été blessée par une balle perdue. Reçu par quatre admirables filles, le pudique disciple d'Esculape entra en rougissant chez la matrone. Tout nu, une sorte d'horrible squelette, recouvert de peau jaune, s'agitait sur un lit en glapissant. Épouvanté, Pfeiffer s'enfuit malgré les supplications des quatre beautés qui s'accrochaient à son caftan.

Dans son palais de la Casbah, Hussein Pacha était atterré par la nouvelle de la défaite. Sa confiance dans Ibrahim était telle qu'il se refusait à y croire. Il faisait chercher partout son gendre mais celui-ci restait introuvable. Craignant la colère de son beau-père, il s'était caché dans une des nombreuses maisons de campagne qu'il possédait aux environs d'Alger.

Perplexe, troublé, en de si graves circonstances, et privé des conseils de son gendre, le Dey réunit le grand Divan, et ordonna aux Ulémas de s'assembler. La terreur qu'inspirait son nom rendit à ceux-ci une nouvelle foi mystique dans la victoire des Croyants. Pendant toute la nuit, la foule les entendit prêcher dans les mosquées, sur les places, au bord de la mer; ils apportaient l'assurance de la victoire et promettaient le paradis aux combattants. Leur éloquence furieuse eut tôt fait de dissiper l'abattement des fidèles qui demandaient maintenant à grands cris de repartir contre les Infidèles.

Les mesures prises par le Divan étaient d'ordre plus pratique. Des corvées furent chargées d'apporter au fort l'Empereur l'approvisionnement qui lui manquait encore, et une garnison de 2 000 hommes y fut placée. Mais il fallait un commandant en chef. Pressé par les événements, le Dey mit alors le pacha de Titteri à la tête des troupes. C'était un homme habile et courageux. Il ne connaissait point les batailles rangées, et l'expérience de la veille le portait à s'en défier; mais son ardent esprit d'offensive pouvait, dans une guerre de partisans, créer aux Français des difficultés sérieuses.

Son commandement fut bref. Le Dey finit par découvrir le lieu de retraite d'Ibrahim. Il lui dépêcha en toute hâte Sidi-Hamdam pour le supplier de revenir et de reprendre sa place de généralissime. Ibrahim méfiant exigeait des assurances complètes; enfin, rassuré, il quitta sa retraite pour reprendre ses fonctions militaires.

Son étonnement fut grand en apprenant que les Français victorieux campaient toujours à Staouéli. Il ne s'expliquait pas l'inaction du général français, et naturellement l'attribuait à la peur. Peu à peu, lui aussi il reprit courage, mais pas encore suffisamment pour empêcher la grande reconnaissance que le général de Valazé entreprit le 23 juin, dans la direction du cap Caxine.

Bourmont, préoccupé de la lenteur avec laquelle on effectuait la mise à terre du matériel, avait donné ordre au commandant du génie de se porter le long de la côte est, pour y chercher un autre lieu de débarquement. Il chargeait le général Achard de prêter l'appui de toute sa brigade à cette reconnaissance qui permettait également d'éclairer le terrain sur la gauche de l'armée. Vers 3 heures du soir, les 14ᵉ et 35ᵉ de ligne quittèrent leurs positions. Arrivés sur l'Oued-Terfah (Oued-Beni-Messous), au point où il sort des gorges de Kalaa, ils suivirent le fleuve jusqu'à son embouchure. A cet endroit, raconte le journal de marche du 35ᵉ de ligne, l'oued se jette à la mer, en sortant d'un gouffre que les eaux ont creusé dans le sable des dunes. Le général de Valazé, laissant alors le gros de la brigade, poursuivit sa reconnaissance avec une seule compagnie de voltigeurs du 35ᵉ. Il traversa le ruisseau et parvint aux ruines de Ras Acrata que les Français appelaient le Petit Port.

De cette hauteur, la vue s'étendait jusqu'au cap Caxine et permettait de se rendre compte qu'il n'existait, sur le littoral, aucune baie capable de suppléer à celle de Sidi-Ferruch. Le retour se fit sans difficultés, et, à 7 heures du soir, les troupes étaient rentrées dans leurs positions.

Le même jour, Bourmont quitta le marabout et la tour de Torre-Chica pour installer son quartier général dans un petit baraquement élevé par l'intendance.

La 2ᵉ section du convoi avait rejoint le 17. Elle n'apportait que 1 700 chevaux sur les 4 000 embarqués à Toulon; l'autre moitié, confiée à la 3ᵒ section, était encore en mer.

« Les bâtiments qui constituent cette section, écrit le général dans son rapport du 22 juin, devaient partir le 13 de la baie de Palma; des vents de sud-ouest les y ont retenus jusqu'au 18; depuis lors, le calme a été presque constant et ils ne sont point encore en vue. J'ai pensé que l'investissement ne devait se faire que lorsqu'on aurait acquis la certitude que les travaux du siège ne seraient pas interrompus par le manque de munitions et que les subsistances seraient assurées pour 30 jours. Malgré le retard inattendu que je viens d'indiquer, le transport de l'équipage de siège a commencé. Peut-être suffira-t-il de faire débarquer à Sidi-Ferruch le nombre de bouches à feu et la quantité de munitions nécessaires pour l'attaque du château de l'Empereur. On a lieu de croire qu'après la prise de ce fort, et même auparavant, l'ennemi, pris à revers, serait forcé d'abandonner les batteries qui se trouvent à l'est d'Alger, et que le reste de l'équipage de siège pourrait être débarqué à peu de distance de cette place. On rendrait ainsi beaucoup plus rapide le transport du matériel de siège depuis le point de débarquement jusqu'au camp occupé par l'armée. »

Le 19, il n'y avait à terre que 200 chevaux et 60 mulets de bât. L'intendant en chef déclarait que le petit nombre de voitures et d'animaux dont l'administration pouvait disposer ne permettait pas d'éloigner l'armée de ses magasins. Il fallait pourvoir à la consommation journalière de 30 000 rations de pain, 30 000 rations de riz, 15 000 litres de vin, 1 000 litres d'eau-de-vie, et, en plus 3 000 rations de fourrage, au fur et à mesure du débarquement des chevaux et mulets.

Enfin, le 22 juin, quelques bâtiments de la 3e section, portant presque tous les chevaux du train des équipages, furent en vue. L'amiral envoya à leur rencontre les bâtiments à vapeur pour les remorquer, mais le vent contraria la manœuvre et, le 23 seulement, le convoi mouillait sur rade.

Ces longs retards mécontentaient vivement l'armée.

Elle en attribuait la faute à l'amiral. Le général de Valazé, qui s'exprimait « avec la rudesse d'un sapeur » s'en fit l'écho : « On a perdu beaucoup de temps. L'amiral, comme dit le général de Loverdo, en est cause bien plus que la difficulté. Il a une confiance absolue dans son premier aide de camp, M. Remquet, qui n'est pas le moins du monde militaire. Il [l'amiral] est bouffi d'amour-propre et croit en imposer par ses raisons. Nous avons perdu un temps infini pour le second débarquement; il est certainement resté une grande partie des embarcations sans emploi. Quelques officiers de marine l'observaient eux-mêmes, malgré leur respect entre eux, ou plutôt la crainte qu'ils ont de leur chef [1]. »

Le général de Bourmont, dans ses lettres les plus intimes, laisse également percer son impatience d'être arrêté en plein succès. Le baron d'Haussez, ministre de la Marine, était un de ses amis; aussi lui écrivait-il en toute confiance : « Notre débarquement [2] s'est opéré à merveille, et je dois rendre justice au zèle que M. l'amiral et presque toute la marine ont montré en cette circonstance. Cependant je ne puis m'empêcher de vous témoigner mes regrets des retards qu'éprouvent, en ce moment, les convois partis de Palma après nous.

» Leur arrivée eût réparé, autant qu'il était possible de le faire, la perte de temps que nous avions éprouvée, et le débarquement du 14 juin, qui ne peut être pour nos affaires aussi avantageux que celui que j'espérais faire le 2, aurait eu un bien plus haut degré d'importance

---

1. *Papiers du général de Valazé, relatifs à la conquête d'Alger*, Alger, Jourdan, 1892.

2. *Papiers Bourmont*, Nettement, p. 396.

par la rapidité du succès. Aujourd'hui, peut-être, Alger serait investi et les Arabes se déclareraient pour nous. Mais, malgré mes instances, M. l'amiral n'a jamais voulu consentir à faire partir tous les convois avec les escadres de guerre, ni même à vingt-quatre heures de distance. Aussi depuis huit jours, nous demeurons à attendre nos approvisionnements, sans lesquels la prudence me défend d'avancer dans un pays coupé, inconnu, et qui n'offre aucune ressource positive.

» La journée du 19 aurait été plus brillante, plus décisive, et nous aurions poursuivi l'ennemi jusqu'aux portes d'Alger, si j'avais pu faire porter des vivres en quantité suffisante pour nourrir les troupes; mais les moyens de transport nous manquaient absolument, et, comme je ne voulais pas m'exposer au moindre pas rétrograde, parce qu'en diminuant peut-être la confiance des hommes qui ne comprennent pas toujours le véritable motif d'un mouvement, j'augmenterais infailliblement celle de l'ennemi, j'ai été obligé de m'arrêter. Je suis loin d'accuser les intentions de M. l'amiral; je les crois très bonnes, et je l'ai vu parfaitement disposé à faire tout ce qui dépendait de lui pour favoriser l'heureux résultat du débarquement. Je n'en puis dire malheureusement autant de quelques-unes des personnes qui l'entourent. »

C'était, on le voit, l'ancien projet Duperré qui, appliqué au moins partiellement, en était la faute. Ce plan prévoyait la répartition du convoi et de l'armée navale en 6 divisions; la mise à terre des hommes seuls aurait demandé six jours, et celle du matériel un mois. L'amiral avait modifié son plan, mais non pas ses idées. Il estimait que la baie de Sidi-Ferruch était trop petite pour contenir tous les bâtiments à l'ancre, et ne semble pas avoir voulu croire qu'on pût débarquer toutes les troupes en une seule journée; d'où les retards dans l'envoi des convois, retards encore aggravés par les calmes et les vents contraires.

Le major de l'armée navale, mentionné également par le général de Valazé, avait un empire absolu sur l'esprit de l'amiral tandis que le contre-amiral Mallet, major général de l'armée, n'était nullement consulté, « et pourtant, ajoute Valazé, sa capacité nous paraît bien supérieure. L'amiral ne lui parle plus depuis qu'il est dans l'embarras; il en aurait cependant grand besoin ».

Le général de Bourmont, toujours si mesuré dans ses termes, se vit obligé de signaler au baron d'Haussez que le capitaine de frégate Remquet s'était montré le plus opposé de tous aux mesures qu'il avait témoigné le désir de prendre, et, ajoute-t-il, « comme il possède toute la confiance de M. l'amiral, je crois devoir lui attribuer une partie des contrariétés que nous avons éprouvées ».

Par contre, Du Petit-Thouars, qui connaissait la côte d'Afrique comme personne et à qui revenait le mérite principal du plan de campagne, avait été écarté de l'état-major général où il aurait dû se trouver tout naturellement. Il commandait le brick le *Griffon*. Le jour de la bataille son brick fut à l'honneur avec ceux de ses camarades Nerciat et Gay de Taradel. L'initiative heureuse de ces trois officiers méritait une récompense; l'amiral n'en souffla mot dans son rapport. Plus équitable, le général en chef tint à signaler lui-même le mérite des marins [1] : « J'éprouve le besoin de recommander particulièrement à votre bienveillance, écrivait-il au ministre de la Marine, M. le capitaine Du Petit-Thouars, car la manière dont il s'est exprimé à Paris sur la possibilité de l'expédition ne lui a pas valu les suffrages des officiers généraux de la marine et il serait très possible qu'il ne fût proposé à Votre Excellence pour aucune récompense. Cependant son brick est un des bâtiments qui nous ont le plus utilement servi le jour du débarquement et dans les opérations ultérieures, en appuyant notre gauche de son feu. »

Les prévisions du général en chef se virent confirmées. Le 8 juillet, le ministre lui répondit en ces termes : « Les notes que vous me donnez sur quelques officiers de marine fixeront mon opinion. L'amiral a affecté de ne faire aucune mention des capitaines de frégate Du Petit-Thouars et Gay de Taradel; je ne les proposerai pas moins au Roi pour le grade de capitaine de vaisseau. Je mettrai votre lettre sous les yeux de Sa Majesté, afin de lui faire connaître tout ce qu'il y a eu de patience et d'abnégation dans vos procédés avec M. Duperré. »

Les relations entre Duperré et Bourmont ne devaient jamais se détendre. Heureusement, l'amiral et son état-major formaient une exception dans la marine. Certes, l'opération du débarquement, difficile et fatigante, faisait honneur, sinon à l'esprit d'organisation du grand chef, du moins au dévouement des officiers et des hommes auxquels avait été dévolu le travail ingrat de

---

1. *Papiers Bourmont*, Nettement, p. 398, et G. Gautherot : *Le maréchal de Bourmont et l'amiral Duperré. Revue de l'Histoire des colonies françaises,* 1922, IVe trimestre, p. 215.

débardeurs. Officiers et marins brûlaient du désir de combattre avec leurs camarades de l'armée de terre. Aussi lorsque le général en chef s'adressa à la marine pour obtenir quelques compagnies de débarquement, sa demande fut-elle accueillie par tous avec enthousiasme, sauf par l'amiral.

Duperré était l'homme du parti libéral, et entendait s'en servir. Il savait à quel point toute l'opposition était acharnée contre Bourmont et ne voulait pas s'identifier avec l'homme que son parti exécrait. Bien au contraire, il cherchait toutes les occasions pour marquer son désaccord.

Dès le premier jour, il avait été entendu que des compagnies de marins seraient affectées à la garde du camp. Le 17 juin, le rapport officiel du général de Bourmont au prince de Polignac porte : « Dès que les retranchements seront terminés, M. l'amiral Duperré les fera garder par 2 ou 3 000 marins. Toutes les troupes expéditionnaires deviendront ainsi disponibles pour les opérations ultérieures. L'union des armées de terre et de mer, l'amour du Roi et de la Patrie, dont ceux qui en font partie sont également animés, doivent aplanir beaucoup de difficultés et contribuer puissamment à la rapidité de nos succès. » Noble langage qui ne trouvera pas d'écho sur la *Provence*.

Devant l'extension que sa ligne prenait de plus en plus, le général en chef avait eu d'abord l'idée de faire appeler la division de réserve qui attendait toute prête dans le midi de la France. Mais voyant avec quelle lenteur les convois les plus indispensables de son armée arrivaient, il se rendit compte que le transport d'une nouvelle division lui causerait un retard capable de compromettre le succès de l'expédition. Il sentait cruellement le préjudice que chaque jour perdu lui apportait. Les provisions diminuaient rapidement; les hommes souffraient de la chaleur; le nombre des malades augmentait, et l'ennemi reprenait courage. Il était manifeste que l'armée du Dey, reformée et animée d'un nouvel esprit guerrier, allait reprendre la lutte. Les cavaliers arabes reparaissaient nombreux sur le front, et la nuit, des coups de fusil étaient tirés sur les avant-postes. Tout indiquait qu'une nouvelle bataille se préparait devant Alger.

Bourmont n'hésita plus. Le 24 juin, sa décision était prise; il marcherait en avant, en utilisant au maximum les forces qu'il avait sous ses ordres. « Nous pourrons, écrit-il au Dauphin, atteler 80 voitures des équipages militaires; nous avons en outre 100 mulets, et, par conséquent, de quoi conduire des vivres à 20 000 hommes placés à 4 lieues. »

L'offensive l'obligeait à rappeler à lui toutes ses troupes, et notamment la brigade Monk d'Uzer, sauf un bataillon d'infanterie qui restait de garde à Sidi-Ferruch. L'amiral était invité à compléter la garnison.

L'effort qu'on demandait à la marine n'était pas exagéré. Sans doute, le fait de détacher 2 200 hommes obligeait les corvées de débarquement à un surcroît de travail, mais, l'avenir le prouvera, c'était possible.

Les marins vinrent à terre tout joyeux à l'idée de combattre. L'amiral seul se plaignait. La lettre qu'il écrivit le 28 juin au général en chef n'est, en vérité, guère flatteuse pour sa mémoire. Ce même 28 juin, l'armée était en plein combat, sous une chaleur tropicale, dans le pays le plus difficile, où les pertes, tous les jours plus sensibles, causaient des vides inquiétants dans les compagnies. Le génie et l'intendance, à la tâche jour et nuit, n'avaient pas un instant de repos, créaient la route, apportant les vivres, les munitions, et ramenant les blessés et les morts. C'est ce moment que choisit l'amiral Duperré pour se plaindre au général en chef :

« Je reçois la lettre de votre chef d'état-major qui m'annonce que vous rappelez du camp retranché le général d'Uzer avec 3 bataillons de sa brigade. En conséquence, le bataillon restant et le peu de marins que je puis fournir sont chargés de la défense du camp retranché pour laquelle les généraux de l'artillerie et du génie demandaient 5 000 hommes. Dans un pareil état de choses, la marine ne pouvant répondre de cette défense, tout à fait étrangère à son service, ne peut en accepter la responsabilité. Je dois la récuser en son nom; elle fera ce qu'elle pourra.

» Je n'ai mis à terre hier qu'un bataillon qui n'est même pas complété à 700 hommes. Je tâcherai d'en mettre un autre aujourd'hui; mais vous sentirez qu'il faut au moins y laisser deux bataillons de ligne. Encore ne devront-ils être destinés qu'à la garde intérieure; l'escorte des convois devra être fournie par d'autres troupes.

» Le moment est trop pressant et les communications trop difficiles pour que je puisse entrer avec Votre Excellence dans d'autres explications. La Marine jusqu'ici a fait son devoir et rempli ses obligations hors de son service, et qu'elle ne peut que mal remplir. Je me borne à déclarer de nouveau qu'elle est disposée à faire ce qu'elle pourra; mais les conséquences ne peuvent jamais lui être imputées. »

L'esprit des officiers de marine était heureusement très différent. Une simple note de service du lieutenant de vaisseau Dubreuil, officier de la liaison auprès de Bourmont, le prouve : « L'amiral a mis à terre, je le suppose, de 16 à 1 800 hommes ; mais il tient à ce qu'ils ne soient employés qu'au service et à la défense intérieure de la place, car il suppose, comme j'ai eu l'honneur de le dire à Votre Excellence, que nos matelots seraient tout à fait impropres à l'escorte des convois... On l'a un peu effrayé sur la quantité d'hommes indispensables pour garder la place, et on l'a fait monter à 5 000 ; en sorte qu'il ne se soucie pas de se charger de cette responsabilité. J'ai eu beau lui dire que les Turcs ne quitteraient pas Alger pour venir faire cette diversion, que l'on n'aurait, par conséquent, affaire qu'à de la cavalerie arabe qui viendrait échouer devant les tranchées, il m'a répondu que mes avis ne valaient certes pas ceux des officiers généraux de terre qui l'avaient dit... »

C'était le soir, avant l'attaque finale. Le général en chef ne répondit que par le silence.

Du reste, le succès allait rendre vaines toutes les craintes de l'amiral. Les marins débarqués vécurent, à leur grand regret, deux semaines d'inactivité complète derrière les remparts de Sidi-Ferruch, sans jamais apercevoir un Arabe.

Dès le lendemain de la bataille de Staouéli, l'armée s'était mise au travail. Le général de Bourmont avait prescrit de construire des redoutes, le long de la grande voie de communication. La première s'élevait sur les positions qu'avait occupées l'armée du 14 au 18 juin; la seconde était devant Staouéli, et une troisième, en avant et en bordure du camp, face à Alger. Cette dernière, construite sous la direction du capitaine de Lamoricière, se trouvait exactement sur l'emplacement du futur couvent des Trappistes. Deux compagnies d'infanterie occupaient chaque redoute dont l'armement consistait en 4 pièces de fer prises à l'ennemi. La route était donc parfaitement gardée sur une longueur de 10 kilomètres, et les faibles garnisons des petits forts permettaient de réduire au minimum les patrouilles destinées à protéger le trafic intense qui se déroulait entre le camp et les lignes.

Celles-ci étaient garnies de 24 canons français, tous les canons en bronze pris aux Turcs ayant été envoyés en France. Parmi ces derniers il y avait bon nombre de pièces historiques qui ornent de nos jours les musées militaires. La plus célèbre et la plus émouvante de ces pièces (elle fut plus tard prise à Alger), est la « Consulaire ». C'est lié à la volée de ce canon que le Père Le Vacher mourut. Dressée sur un piédestal de granit, elle porte sur son socle :

LA « CONSULAIRE » — PRISE A ALGER LE 5 JUILLET 1830.

JOUR DE LA CONQUÊTE DE CETTE VILLE — PAR LES ARMÉES FRANÇAISES.

L'AMIRAL BARON DUPERRÉ, COMMANDANT L'ARMÉE NAVALE.

ÉRIGÉE A BREST LE 27 JUILLET 1833.

SA MAJESTÉ LOUIS-PHILIPPE Ier RÉGNANT.

LE VICE-AMIRAL COMTE DE RIGNY, MINISTRE DE LA MARINE.

LE VICE-AMIRAL BERGERET, PRÉFET MARITIME.

Tout le gouvernement de Juillet tient dans ces quelques mots : Charles X, Bourmont, sont rayés de l'Histoire!

D'autres pièces également intéressantes avaient été prises à Sidi-Ferruch et à Staouéli. Elles étaient pour la plupart des XVe et XVIe siècles. L'une portait la salamandre de François Ier, l'autre le porc-épic de Louis XII, et sa volée, jusqu'au premier renfort, était tapissée de fleurs de lys. D'autres canons provenaient d'Espagne, d'Angleterre, de Suède, du Danemark, des villes Hanséatiques. L'un d'eux, fondu à Bamberg, en 1540, avait pour devise : « J'appartiens au grand-duc. » Un mortier était de Potevin, à Vienne. Un canon, dont la culasse s'ornait d'une H couronnée et fleurdelysée, vit bientôt se former une légende autour de son origine. On crut y voir une bombe à feu du temps de Henri II, prise par les Espagnols à la bataille de Saint-Quentin, et qui aurait fait partie de l'artillerie qu'O'Reilly abandonna à Alger en 1775[1].

Ces identifications, plus ou moins exactes, intéressaient vivement la troupe et lui donnaient l'idée que l'expédition vengeait un long passé de guerre contre les corsaires.

Le général de La Hitte, toujours actif, utilisait les chevaux des batteries pour transporter à Staouéli tous les projectiles du petit équipage de siège. Cette opération allait bientôt prouver son utilité, car, rapprochant les transports du château de l'Empereur, elle permit d'ouvrir le feu deux jours plus tôt.

L'artillerie amenait également au camp une grande

1. Préaux, *Description de Sidi-Ferruch.* Extrait des *Annales maritimes et coloniales.*

quantité de cartouches d'infanterie et de munitions de campagne.

La cavalerie, faute de fourrage à l'avant, bivouaquait encore à Sidi-Ferruch.

Enfin ces quelques jours de repos furent utiles au service de santé et à la prévôté qui institua une police sévère du camp.

Le 23 juin au matin, le guetteur monté sur la tour de Sidi-Ferruch signalait que la dernière section du convoi était en vue. On apercevait distinctement les voiles blanches des bateaux qui tiraient des bordées pour gagner au vent et se rapprocher du mouillage. L'état-major ne cachait pas sa satisfaction de cette arrivée qui allait enfin lui permettre de déclancher l'offensive générale. Jusqu'à ce jour, on avait pu débarquer environ 2 000 chevaux, et le régiment de chasseurs était entièrement monté.

La fusillade s'était réveillée très vive aux avant-postes, mais quelques obus eurent vite fait de repousser les Arabes qui se réfugièrent sur les hauteurs. Les commandants des brigades signalèrent que, depuis la veille, l'ennemi devenait très nombreux. L'Agha Ibrahim, rassuré par l'arrêt des Français et poussé par le Dey, reprenait l'initiative des mouvements.

Bourmont avait convoqué les généraux à Staouéli. Il craignait de voir les Arabes se retrancher sur les pentes de la Bouzaréa qui formaient un front hérissé d'obstacles. Si l'Agha, au contraire, venait à attaquer le camp, il était décidé à marcher aussi vite que possible de l'avant pour s'établir sur les monts. Il donna en conséquence l'ordre aux généraux Berthezène et Loverdo de riposter à tout assaut par une vigoureuse contre-attaque, en avançant jusqu'à deux lieues de Staouéli. La carte de Boutin donnait un plan suffisamment détaillé du terrain pour déterminer la nouvelle ligne que l'armée devait atteindre.

L'attaque prévue eut lieu le lendemain matin. Le général en chef venait d'écrire à l'amiral Duperré : il lui annonçait sa décision de brusquer les événements, pour se rendre maître de la ville le plus tôt possible, et pouvoir faire entrer en rade d'Alger même les derniers bateaux arrivés de Palma. A ce moment, un aide de camp du général Berthezène vint lui apporter la nouvelle que l'ennemi engageait la bataille.

Bourmont se rendit au galop jusqu'aux avant-postes; déjà il voyait le flot des Arabes descendre des collines. L'armée du Dey formait une ligne très étendue, mais désordonnée et dont l'indiscipline contrastait avec l'allure martiale des troupes turques à Staouéli. De nouveau, l'ennemi se portait sur notre gauche. La brigade Clouet avait déployé ses deux vaillants régiments; en grand'garde, 6 compagnies du 28e, commandées par le chef de bataillon de La Bigne. Bourmont, qui s'était reporté au centre de la position, ordonna en ce moment l'attaque générale.

Les brigades Poret de Morvan et Achard marchaient coude à coude vers les débouchés de la plaine. A leur gauche, la brigade Clouet; à leur droite, celle du général Damrémont. Les deux autres brigades de la 2e division, Colomb d'Arcine et Monk d'Uzer restaient en protection du camp pendant que Bertier de Sauvigny gardait son ancienne position sur l'Oued Bridja. Le reste de la division des Cars occupait Sidi-Ferruch et assurait la défense de la route militaire. Une batterie de campagne accompagnait chacune des colonnes marchantes.

Le général Damrémont, qui devait opérer un mouvement tournant par Deli-Ibrahim, entraîna le 49e de ligne, à travers les ruisseaux et les crêtes, et refoula aisément l'ennemi. En arrière et sur sa gauche, le 6e d'infanterie le suivait. Le flanc droit de l'armée était ainsi protégé par le 49e qui reçut l'ordre de se former en colonnes par bataillon et d'enlever, l'arme au bras, la dernière position qui couronnait les hauteurs de Deli-Ibrahim. De nombreux Turcs et Arabes étaient embusqués dans une ferme et ouvraient un feu nourri sur nos têtes de colonnes. Superbe d'allure le colonel Magnan marchait en tête de son beau régiment, un des plus anciens de l'armée française. Le maréchal de Gassion l'avait formé lors du siège de Courtray, sous le nom de Vintimille-Infanterie. Comme jadis à Malplaquet, Fontenoy et Hondschoote, le régiment avançait impassible, manœuvrant comme à l'exercice. Flanquant les colonnes, la compagnie de grenadiers du capitaine Arrighi et celle des voltigeurs du capitaine Delacroix débordaient l'ennemi. A la pointe de la baïonnette, les voltigeurs s'emparèrent de la ferme de Deli-Ibrahim, clef du plateau.

A côté du capitaine Arrighi, le lieutenant Amédée de Bourmont précédait sa section. Il trouvait la part faite aux voltigeurs trop belle et suppliait le colonel Magnan de faire donner à nouveau les grenadiers, lorsqu'une furieuse contre-attaque arabe réussit à prendre pied sur le mamelon. Un fusil à la main, Amédée de Bourmont s'élançait en avant de ses hommes, quand une balle, le frappant en pleine poitrine, le précipita à terre. Relevé par ses grenadiers, il fut porté par eux à l'ambulance de Staouéli où les médecins jugèrent son cas désespéré.

« Officier d'une grande espérance », comme l'écrira le jour même le commandant de sa brigade, le général Damrémont, c'était le second fils du général en chef. Trois de ses frères avaient également obtenu l'autorisation d'accompagner leur père; plus souvent à la peine qu'à l'honneur, ils se montrèrent dignes de la faveur qui les avait amenés et étaient universellement aimés. Amédée de Bourmont allait mourir en pleine gloire. Ses hommes le vengèrent en rejetant l'ennemi loin du mamelon où la brigade s'arrêta pour attendre de nouveaux ordres.

A sa gauche, le colonel d'Esclaibes, avec un groupe d'artillerie formé de 6 canons et de 2 obusiers, avançait au trot à travers le pays raviné; il s'arrêtait, faisait feu, puis repartait en avant, à l'admiration des fantassins. Son tir précis et rapide eut vite fait de jeter le désordre dans les masses ennemies et permit aux deux brigades du centre de balayer presque sans pertes la plaine de Staouéli.

Maintenant le pays changeait d'aspect; des jardins entourés de haies, des petits villages, des maisons isolées, de nombreux arbres fruitiers, le rendaient propre à la défense. Les Arabes s'y étaient embusqués; mais le 1er régiment de marche tourna un de ces petits villages, et l'ennemi effrayé s'enfuit sans opposer de résistance.

La brigade Achard suivait toujours à la même hauteur; ses compagnies de voltigeurs faisaient place nette. L'aile gauche qui était montée vers le nord avec les compagnies de La Bigne dut opérer un mouvement convergent pour ne pas perdre le contact. Sa marche très rapide la porta au delà de l'Oued Defla[1] jusque sur les collines qui en bordent la rive droite à Khaznadji[2] et Sidi-Mehmed.

Le front des quatre brigades était peu étendu et avait l'inconvénient de laisser à la cavalerie ennemie tout l'espace voulu pour manœuvrer sur les ailes. C'est ce qui arriva.

Pendant que l'infanterie française avançait ainsi droit devant elle, une masse de cavaliers arabes, croyant le camp abandonné, avait contourné la droite de la brigade Damrémont, et se portait à bride abattue vers Staouéli. Mais apercevant les deux brigades de garde déployées, ils disparurent sans tenter le combat. Malheureusement, dans leur retraite, ils arrivèrent sur les derrières des colonnes en marche et massacrèrent quelques traînards et isolés. On découvrit quelques jours après, dans les broussailles, le corps décapité du lieutenant d'artillerie Amoros qui était tombé blessé entre les mains des Bédouins. Un chef arabe, malgré ses supplications, avait appuyé la tête du lieutenant contre l'arçon de sa selle et la lui avait tranchée avec son yatagan[3].

1. Appelé par les militaires Oued Terfah.

2. Ferme Jaubert, de nos jours, sur la carte au 1/10 000ᵉ. Sidi-Mehmed se trouvait à environ 400 mètres au sud-sud-est.

3. A la date du 24 juin, le consul anglais Saint-John écrit à son gouvernement : « Un Américain, interprète à l'armée française, a été fait prisonnier et amené chez le Dey qui l'a questionné sur les forces amenées par les Français. Quand il dit au Dey qu'ils avaient avec eux 200 canons, Sa Hautesse se mit dans une violente colère, lui disant qu'il en avait menti et lui fit immédiatement couper la tête. » (Robert William Saint-John, *op. cit.*, chap. XIX.) Nous n'avons trouvé nulle part ailleurs mention de cet assassinat d'un interprète américain.

Le général en chef, au milieu des troupes, s'était rendu compte de la facilité avec laquelle on avait repoussé l'ennemi. Le paysage changeait une fois de plus. On pénétrait dans la région des sources et des affluents de l'Oued Beni-Messous[1]. Les collines s'élèvent rapidement, sillonnées de ravins profonds, alors que les croupes se croisent et se flanquent, formant autant de lignes de résistance créées par la nature. Les haies d'aloès, les bosquets d'orangers, de grenadiers, lui donnent de loin l'aspect d'un grand bois. Juste en face du général, le Sidi-Benedi s'élève à 230 mètres.

Bourmont hésita un instant. L'armée déjà portée en avant de plus de 4 kilomètres, sa ligne de ravitaillement et de sécurité s'allongeait démesurément, et la tentative faite par les cavaliers arabes, peu d'instants auparavant, montrait à quel point l'occupation du pays était difficile. Aux fantassins n'appartenait que le sol sur lequel ils posaient leurs pieds; déjà le chemin parcouru n'était plus à eux. Avec le combat de Sidi-Khalef[2], l'ère des guerres d'Afrique commençait avec ses surprises et l'angoissant problème des communications.

Cependant, voyant le découragement de l'ennemi et l'allant de ses propres troupes, le général en chef résolut de profiter de ce facteur capital pour empêcher l'adversaire de s'accrocher au terrain. Il ordonna donc à toute l'armée de poursuivre sa marche.

La brigade Achard, à cheval sur la route d'Alger, poussa

---

1. Les rapports militaires de l'époque appellent indifféremment Oued Terfah, l'Oued Beni-Messous et son affluent l'Oued Defla.

2. Sidi-Kraled, sur la carte au 1/50 000ᵉ du service topographique de l'armée.

rapidement jusque sur le plateau de Sidi-Khalef. Ses voltigeurs fouillaient les ravins, débusquant les Arabes qui, à leur approche, faisaient une décharge de mousqueterie, puis s'enfuyaient en poussant des hurlements et se reformaient plus loin. Le 14e d'infanterie, qui était en tête, sortit bientôt de la région boisée sur les talons de l'ennemi et le rejeta de la ligne des crêtes qui bordent la rive droite de l'Oued Kerma[1], jusqu'au pont sur l'Oued. La brigade Clouet avait suivi le revers de la position dite des Cinq mosquées et venait, elle aussi, occuper le plateau de Sidi-Khalef sur la gauche, quand une formidable explosion fit trembler la terre. Un immense jet de fumée et de pierres s'élança vers le ciel comme lors des éruptions du Vésuve. C'était une maison bourrée de poudre qui sautait. Les munitions turques avaient été réunies dans cette masure située dans une dépression de terrain, derrière le marabout de Sidi Abd er Rhaman bou Nega. Les Turcs y avaient mis le feu. Heureusement le repli de terrain dans lequel elle se trouvait garantit notre infanterie et il n'y eut que quelques hommes contusionnés par des pierres. « Des nuages d'une épaisse fumée, raconte le général en chef[2], qui s'élevaient à plus de cent mètres et qui réfléchissaient les rayons du soleil d'Afrique, présentaient à l'armée un magnifique spectacle. » Gudin et Isabey ont laissé dans leurs peintures le souvenir de cet incident.

Il était environ trois heures quand la sonnerie « halte » se fit entendre. Les troupes au combat et en marche depuis le matin, par la chaleur suffocante, étaient harassées

1. A cet endroit l'Oued Kerma porte le nom d'Oued Lekral.
2. Rapport du 25 juin.

de fatigue. Les avant-gardes furent retirées de façon à occuper défensivement le plateau de Sidi-Khalef. Au centre de la position, passait la route d'Alger qui atteint ici l'altitude de 250 mètres. Sur la droite, Deli-Ibrahim est à 280 mètres, et, sur la gauche, les hauteurs sont d'environ 300 mètres. La position, cependant, était loin d'offrir toute sécurité. La rive gauche de l'Oued Kerma, sur laquelle les Arabes s'étaient reportés, était plus haute et plus escarpée que la rive droite. Des contre-forts de la Bouzaréa l'ennemi pouvait non seulement nous canonner, mais, glissant au fond des ravins, contourner la position et tomber sur les derrières de l'armée. Malgré ces désavantages, le général en chef ne crut pas pouvoir pousser plus avant à cause de l'épuisement des hommes. Le camp s'établit donc sur le plateau de Sidi-Khalef.

Sur une ligne, les trois brigades de la division Berthezène : la brigade Achard, à cheval sur la route ; à sa droite, Poret de Morvan ; à sa gauche, Clouet avec le 20e de ligne ; le 28e, reporté en arrière, gardait la route de Staouéli. A l'extrême-droite, le général Damrémont, qui venait de Deli-Ibrahim, avait rejoint les hauteurs de Sidi-Khalef. Le 49e de ligne se soudait au 1er de marche et le 6e d'infanterie, déployé derrière les haies, gardait, dans la mesure du possible, l'aile droite.

La cavalerie dut être ramenée en arrière ; elle avait suivi hardiment l'infanterie dans l'espoir de pouvoir charger ; mais la nature du terrain rendit son intervention impossible. L'artillerie, par contre, tenait toujours sa place d'honneur en première ligne. Le colonel d'Esclaibes, chef d'état-major du général de La Hitte, montra dans cette journée une ardeur égale à celle de son chef. Le groupe qu'il dirigeait si heureusement à travers bois et ravins sur le centre gauche avait contribué puissamment à refouler l'ennemi, épargnant à notre infanterie d'intervenir. Le nouveau matériel, aux mains d'artilleurs experts et audacieux, faisait merveille.

Pendant la journée, le quartier général fut transporté de Sidi-Ferruch à Staouéli. C'est là qu'en rentrant, le soir du combat, Bourmont trouva son fils Amédée. L'entrevue fut brève et poignante. La blessure semblait mortelle; il y avait peu d'espoir, personne ne se le dissimulait, et le blessé tout le premier. Surmontant ses douleurs, le jeune officier saisit la main de son père, et en quelques paroles haletantes, lui dit qu'il était heureux de mourir pour le Roi et pour son pays. Spectacle d'une si noble grandeur, dit un témoin, que personne ne pouvait retenir ses larmes. Seul, le général semblait impassible, mais les traits ravagés de sa figure, au moment où il posa un baiser sur le front de son fils, montraient son intime détresse.

Puis, en apparence aussi calme que d'habitude, il se rendit à sa tente pour écrire son rapport au prince de Polignac : « Le nombre des hommes mis hors de combat a été peu considérable (37). Un seul officier a été blessé dangereusement : c'est le second des quatre fils qui m'ont suivi en Afrique. J'ai l'espoir qu'il vivra pour continuer de servir avec dévouement son Roi et sa Patrie[1]. » On ne pouvait être plus stoïque.

Amédée de Bourmont vécut jusqu'au 6 juillet. Comme

_____

1. Rapport du 25 juin.

dit l'anonyme capitaine d'état-major dont le manuscrit se trouve aux Archives de la Guerre, « il fut enlevé aux vœux de toute l'armée peu après la prise d'Alger. Témoin de son héroïsme, j'ai pu, plus qu'un autre, apprécier toute l'amertume des regrets de son malheureux père ».

Le premier résultat du combat, et le plus sensible aux soldats, fut la prise de 400 bœufs et de quelques troupeaux de moutons qui assurèrent la viande fraîche pour l'armée pendant huit à dix jours. Aucune pièce d'artillerie n'était tombée entre nos mains; les Turcs, probablement dans la crainte de les perdre comme à Staouéli, les avaient retirées à temps.

On appela la journée le combat de Sidi-Khalef et la position sur laquelle campait l'armée était dite « Chapelle et Fontaine », d'après Boutin qui appelait chapelle le marabout de Sidi Abd er Rhaman bou Nega, à côté duquel coule une petite source qui servait d'abreuvoir.

A Staouéli, le duc des Cars était venu trouver le général de Bourmont pour lui demander, au nom de sa division, de la laisser monter en ligne. Les soldats étaient dans une impatience extrême de combattre, et, quant aux officiers, leur mécontentement de rester à l'arrière était visible. Le général en chef lui répondit que son vœu serait rapidement exaucé.

Il était impossible de garder, avec des forces importantes, à la fois les camps de Sidi-Ferruch et de Staouéli, et de surveiller, fût-ce même avec des redoutes nombreuses, la ligne de communication qui s'étendait déjà sur 12 kilomètres. Les Turcs, refoulés à proximité d'Alger, devenaient d'autant plus redoutables qu'ils savaient que la perte de la ville entraînerait pour eux la perte de toute la Régence. Pour les Arabes qui excellaient dans la guerre d'embuscade et de guérilla, la position de notre armée, toute en longueur, leur permettait d'opérer à leur guise, voltigeant sur nos flancs, coupant les convois, massacrant les isolés. Force était donc de porter en ligne toutes les troupes disponibles et de demander l'aide de la marine pour garder la base de Sidi-Ferruch. Cependant, comme plusieurs jours étaient encore nécessaires pour préparer le dernier bond en avant, Bourmont préféra laisser la marine tout entière au débarquement du dernier convoi, sauf les 1 200 marins qui constituaient une partie de la garnison du camp de Sidi-Ferruch. Il rappela la brigade Monk d'Uzer et lui confia la défense de la base, tandis que le lieutenant général duc des Cars montait au front avec ses trois brigades.

Celle du maréchal de camp Bertier partit à minuit, suivie à une heure de distance par le général Hurel qui s'arrêta pendant quelques heures dans le camp de Staouéli[1].

A 8 heures du matin, des Cars arrivait sur la ligne de feu en tête de sa première brigade pour relever les troupes du général Clouet. Il trouva le 20e de ligne, à l'extrême gauche, battu par un feu très vif d'artillerie qui s'acharnait surtout sur sa grand'garde retranchée dans le marabout de Sidi-Abd er Rhaman bou Nega. L'ennemi avait amené sur les contreforts de la Bouzaréa 8 à 10 pièces qu'il avait mises en batterie, au nord-est du

---

[1]. Les rapports officiels manuscrits du commandant de la 3e division m'ont été aimablement communiqués par M. le duc des Cars. Ils permettent de suivre pas à pas la marche de cette division.

marabout, sur la cote 317. Ces pièces, dont quelques-unes tiraient des projectiles de 24, plongeaient à vue sur le terrain que devait occuper le général Bertier. Aussi lorsque la brigade fut sur le point d'atteindre sa position, fut-elle saluée par un feu très violent qui lui causa des pertes sensibles. Le lieutenant-colonel Baraguey d'Hilliers, du 2ᵉ de marche, reçut une balle dans son shako. De son côté, le 35ᵉ de ligne était également engagé dans une vive fusillade. La brigade passa ainsi la journée à tirailler et à essuyer le feu de l'ennemi. Il y eut 7 tués et 62 blessés, parmi lesquels le capitaine Dubois et le capitaine La Chapelle qui mourut avant la nuit.

Pour la première fois les troupes de la 3ᵉ division prenaient contact de l'ennemi; elles montrèrent le même courage trop insouciant que leurs camarades. En vain, sur l'ordre du duc des Cars, tous les officiers répétaient des conseils de prudence; ils étaient les premiers à les oublier devant l'ennemi. Les pertes, de ce fait, furent disproportionnées.

A la droite de la 3ᵉ division, les généraux Berthezène et Loverdo maintinrent leurs positions. Il y eut des attaques et des contre-attaques, mais le front ne bougea pas. A elle seule, la brigade Achard eut 4 tués et 50 blessés.

Depuis la veille, on pouvait constater un changement complet dans la façon de combattre des Arabes. A Sidi-Khalef et Deli-Ibrahim, ils avaient, sauf de rares exceptions, cédé le terrain sans grande résistance. Depuis qu'ils étaient accrochés à l'Oued Kerma, un nouvel esprit semblait les animer et présageait de durs combats.

Ce nouvel état de choses était dû uniquement au changement du commandant en chef; le pacha de Titteri avait remplacé une seconde fois l'Agha Ibrahim. La veille au soir, affolé par la progression des Français, ce dernier avait complètement perdu la tête et quitté le champ de bataille pour se cacher derechef dans une de ses maisons de campagne. Le Dey appela alors le Cheik Ul Islam, lui remit un sabre précieux, et donna l'ordre de réunir le peuple pour défendre le pays. Mais le vénérable chef religieux se sentait bien incapable de jouer au général et supplia le souverain d'investir le pacha de Titteri du commandement suprême. C'était, sinon le plus intelligent, du moins le plus actif et le plus résolu des chefs algériens. Il le prouva par les combats acharnés qu'il livra aux troupes françaises, pendant les derniers jours de cette brève campagne.

Les cavaliers bédouins furent envoyés sur notre route de communications. Dans la matinée, ils tombèrent sur un convoi de vivres et de bagages commandé par le capitaine Amelot. Une charrette venait de se renverser; la colonne était arrêtée. Les Bédouins profitèrent de ce moment de désarroi pour se jeter sur le convoi; mais les soldats d'escorte, énergiquement commandés par leur capitaine, tinrent tête et les fusillèrent à bout portant. Seul, le mulet qui portait les bagages du colonel Rullière et de quelques officiers supérieurs s'échappa au bruit de la fusillade et tomba entre les mains des Arabes. Rejetés, les cavaliers se reportèrent vers la mer en longeant à distance la route militaire française. De loin, ils voyaient se lever une épaisse poussière : c'étaient les 2e et 3e brigades qui montaient en ligne, suivies d'un convoi de vivres. Manœuvrant à couvert, les Arabes contournèrent alors les colonnes d'infanterie pour les attaquer. Le terrain plat les obligea de se montrer à distance. Immédiatement l'infanterie de protection se déploya en couverture et la brigade Hurel, s'arrêtant en formation de combat, encadra le train de vivres. Les Arabes, dépités de voir leur proie s'échapper, s'élancèrent alors contre l'infanterie. Le combat dura plusieurs heures pendant lesquelles les carrés français repoussèrent les assauts répétés des cavaliers. A deux heures seulement le feu cessa, et les deux régiments reprirent leur marche en avant. Mais ce retard troubla le dispositif général et amena une regrettable méprise.

Derrière le général Hurel, suivait le général de Montlivault. Le combat de la 2ᵉ brigade immobilisait toute la colonne qui était également harcelée sur ses deux flancs par des tirailleurs arabes. La chaleur était intolérable et les hommes en souffraient cruellement; de nombreux cas d'insolation se produisaient. Le chirurgien major du 34ᵉ d'infanterie, le docteur Charles Petit, était descendu de cheval pour soigner un soldat foudroyé par la chaleur; pendant qu'il opérait, il tomba mort sur celui qu'il voulait secourir.

A la nuit, la 1ʳᵉ brigade montante rencontra les troupes du général Clouet qui avaient été retirées du front pour protéger la route et escorter les chariots. Le 20ᵉ et le 28ᵉ étaient arrêtés; une voiture venait de se renverser et barrait le chemin. Dans l'obscurité naissante, les deux brigades se mêlèrent; les fantassins perdaient leurs formations; les mulets et les chevaux énervés semaient le désordre. Ce fut, en peu d'instants, un embouteillage complet. Dans les ténèbres, quelques hommes crurent voir des Bédouins et firent feu; d'autres partirent à la baïonnette et ne reconnurent que trop tard qu'ils attaquaient des fantassins français. Il fallut un bon quart d'heure pour rétablir l'ordre. On compta malheureusement 4 tués et 11 blessés. Enfin les généraux parvinrent à décrocher leurs régiments en les rappelant par des sonneries et des roulements de tambour. Ils ne pouvaient plus songer à continuer la marche; les soldats tombaient de fatigue. Ils bivouaquèrent plus mal que bien sur place et repartirent au lever du soleil. A 6 heures du matin seulement, le 26 juin, la 2e brigade prenait sa place sur la gauche de la ligne. En arrière d'elle, la 3e gardait les communications avec Staouéli et fournissait, avec la brigade Clouet, les travailleurs qui prolongeaient la route militaire jusque sur le front et la garnissaient de redoutes.

Le général en chef, accompagné des généraux de Valazé et de La Hitte, avait reconnu personnellement l'emplacement de ces blockhaus. Le premier était constitué par une maison de Sidi-Khalef crénelée et mise en état de défense. Les autres, simples ouvrages en terre, armés avec des canons pris à l'ennemi, flanquaient la voie militaire et croisaient leurs feux sur la plaine. La brigade Montlivault fournissait les garnisons et couvrait les intervalles. Staouéli était gardé par la brigade Colomb d'Arcine et un régiment du général Monk d'Uzer; le 48e assurait avec les marins la défense de Sidi-Ferruch.

Le 26 juin, le général Clouet reprenait sa position dans la ligne de bataille, et la brigade Damrémont rentrait au repos à Staouéli. La relève, aperçue par le bey de Titteri, déclancha de sa part une violente attaque. Le général Desprez en fut le témoin oculaire[1] : « Armés de longs fusils qui de loin ressemblaient à des lances, les cavaliers arabes, groupés sans ordre, s'animaient par des gestes et par des cris ; puis les plus braves s'élançaient au galop, en décrivant une courbe qui les rapprochait peu à peu du point qu'ils voulaient attaquer. Arrivés à très petite portée de fusil, ils faisaient feu et leurs chevaux, toujours au galop, les ramenaient, par une autre courbe, vers le groupe dont ils s'étaient séparés. Là ils rechargeaient leurs armes. On se contenta de leur opposer des détachements de flanqueurs, et la brigade continua son mouvement. L'ennemi reconnut bientôt que la manœuvre à laquelle il se livrait était sans résultat. Un effort tenté contre deux compagnies du 49e qui formaient l'arrière-garde lui parut offrir plus de chances de succès. Quelques centaines de cavaliers se réunirent et se portèrent au galop vers ces compagnies. Le colonel Magnan se trouvait au milieu d'elles. Rassurés par leur chef, nos soldats tinrent ferme, et lorsque l'ennemi fut à 20 pas d'eux, un feu nourri l'arrêta et le mit en fuite. Plusieurs Arabes restèrent sur le champ de bataille. D'autres, qui avaient reçu des blessures, furent emportés par leurs chevaux dans différentes directions. Ce fut la dernière attaque que les deux régiments eurent à soutenir. Le but avait été atteint, et, pendant toute la journée, les communications de Staouéli avec Chapelle et Fontaine furent parfaitement libres. »

A midi, le général Poret de Morvan avait, de son côté, subi l'assaut de 5 000 Arabes, tant fantassins que cava-

1. Desprez, p. 131-132.

liers; après un combat corps à corps, ils furent repoussés par le 1er régiment de marche. Un seul de ses bataillons perdit dans la journée 21 tués et blessés, dont 8 officiers.

Le duc des Cars avait été obligé de se donner de l'air en occupant un petit bois devant sa ligne. L'ensemble de sa division comptait 11 morts et 151 blessés, dont 7 officiers. Ses troupes s'étaient battues avec entrain, mais faisaient preuve de trop d'ardeur et d'imprudence.

Pendant toute la journée du 26 juin, les engagements s'étaient succédé violents sur tout le front de l'armée. L'ennemi montrait un mordant et une initiative admirables. Décidé à défendre les approches de la ville, il continuait à garnir son front de nouvelles batteries. Aussi, dès le matin du 27 juin, le général de La Hitte avait-il amené la 4e batterie de campagne, de nouveaux fusils de rempart et les fusées à la Congrève.

De bonne heure, le général en chef était venu visiter les positions manifestement mauvaises. Son intention était de faire avancer l'armée sur un emplacement moins exposé; toutefois la consommation excessive des munitions ne lui permettait pas d'exécuter ce mouvement avant midi, heure à laquelle un convoi de 250 000 cartouches devait arriver de Sidi-Ferruch. Mais à midi la chaleur ne permettait pas d'engager l'action que l'on prévoyait pénible et coûteuse. Force était d'attendre encore. Ne valait-il pas mieux prolonger la défensive pendant quarante-huit heures encore et partir ensuite mieux équipés, d'autant qu'il fallait encore deux jours à la marine pour terminer le débarquement. Après avoir consulté ses généraux, Bourmont se décida à garder la position actuelle, malgré les pertes qu'elle occasionnait, de façon à pouvoir se lancer à l'attaque des monts avec la certitude d'atteindre les remparts d'Alger d'un seul coup et sans craindre un nouvel et pénible accrochage.

Décision sage, mais cruelle pour l'armée dont les pertes et les fatigues devaient payer les lenteurs des convois maritimes.

Les deux jours d'attente furent marqués par des combats incessants et meurtriers. La division des Cars y perdit 300 hommes. Le journal de marche du général et ses rapports permettent de suivre l'action heure par heure.

Le 27, dès l'aube, on vit s'avancer en face de la 3e division 7 à 8 000 hommes de troupes fraîches, et deux batteries nouvelles se démasquèrent en ouvrant le feu sur la Maison-Carrée qui formait le centre de la division. Le général Hurel avait, pendant la nuit, fait élever des épaulements pour protéger ses hommes. Vers 8 heures du matin, l'ennemi lança sa première attaque. En tête, marchaient les chefs brandissant de grands drapeaux, les fantassins suivaient par groupes de 40 à 50 en poussant de grands cris. Malgré le feu français, ils parvinrent jusqu'aux épaulements et quelques-uns réussirent même à y planter leurs étendards. Une charge à la baïonnette les rejeta dans une mêlée sanglante où les pertes des assaillants dépassaient de beaucoup les nôtres.

Ramenés sur leurs lignes de départ, Turcs et Arabes se recueillirent, puis, vers 2 heures, se ruèrent de nouveau sur notre position. Mais cette fois, les vagues d'assaut se brisèrent avant d'atteindre nos tranchées. Emportés par une véritable fureur guerrière ils lâchaient leurs fusils pour jeter des pierres à nos soldats. Le 30e de ligne, immobile derrière les parapets, attendait l'ordre

de contre-attaquer. Brusquement le cri de : « A la baïonnette ! En avant ! » retentit. Tambours battant, les fantassins sortirent des tranchées et bondirent en avant,
frappant, piétinant, submergeant tout. Une compagnie,
celle du capitaine Bourgeois, parvint même à s'emparer d'une maison crénelée, sorte de blockhaus qui,
par ses feux, avait causé de nombreuses pertes. Ses
défenseurs n'eurent pas le temps de fuir ; ils furent tués
sur place.

En avant du front, la brigade Bertier de Sauvigny
réussit à occuper un petit bois et le tint malgré d'éner-
giques contre-attaques.

Le feu ne cessa qu'au crépuscule. En longues théories,
on transportait à l'arrière les morts et les blessés, pendant que les hommes se remettaient au travail pour
creuser de nouvelles tranchées et élever un redan des-
tiné à flanquer le bois.

L'artillerie ennemie avait été particulièrement active ;
deux pièces de 24 battaient sans relâche les bivouacs
et les lignes. Le duc des Cars se trouvait au milieu de
la 2e brigade lorsqu'un boulet de 24 vint tuer à ses côtés
deux soldats et blesser à mort son chef d'état-major, le
commandant Borne, officier d'un grand mérite et d'une
belle valeur, dont les services, pendant la campagne
d'Espagne, avaient attiré l'attention et l'intérêt du
Dauphin. Transporté à l'hôpital de Sidi-Ferruch, le
commandant Borne mourut quelques jours plus tard[1].

Les canons de 8 étaient insuffisants, des pièces nou-

---

1. Le duc de Tourzel, beau-frère du lieutenant général duc des Cars,
avait obtenu la faveur de suivre le corps expéditionnaire. Il fut titularisé
comme aide de camp du général à la mort du commandant Borne.

velles furent amenées pendant la nuit; dès le lendemain elle réussirent à faire taire la batterie turque.

Les pertes de la division des Cars étaient de 19 sous-officiers et soldats tués et 129 blessés, dont 7 officiers.

Le général Berthezène n'eut que des engagements insignifiants.

La journée du 28 fut encore plus meurtrière. La brigade Hurel qui occupait la gauche de la position en avant de Chapelle et Fontaine avait particulièrement souffert la veille. Aussi le duc des Cars la fit-il relever à 7 heures du matin par la 1re brigade. Le commandant Ballon, avec un bataillon du 35e de ligne et 4 compagnies du 2e de marche, se porta dans le petit bois pour la relève du 30e. Voyant les soldats de ce régiment se retirer, l'ennemi crut qu'ils abandonnaient le terrain. A l'instant il se précipita sur les retranchements, obligeant le 30e à les quitter. Le commandant Ballon se jeta alors en avant, la compagnie de grenadiers du capitaine Godard en tête. Mais, entourés par 600 Turcs, elle perdit en quelques minutes 44 hommes. Le capitaine du Pont de Gault, commandant les voltigeurs, reçut l'ordre de dégager son camarade. Ce fut une charge héroïque. Sans tirer un coup de fusil, précédée de ses officiers, la compagnie perça à la baïonnette le rempart d'ennemis hurlants, dégagea les grenadiers, et, les entraînant dans une course folle, reprit toutes les positions perdues.

Ce beau fait d'armes, qui fit l'admiration de toute l'armée, nous coûtait cher : 100 hommes du 35e d'infanterie étaient hors de combat.

Malgré des pertes qui étaient le double des nôtres,

l'ennemi, qu'un incroyable courage animait, renouvela quelques heures plus tard son attaque. Il voulait au moins enlever ses morts. Cette deuxième tentative fut un échec complet. Il ne put approcher des épaulements français ; un feu ininterrompu de mousqueterie et d'artillerie fauchait par tas les assaillants.

Ayant porté son groupe en soutien de nos lignes, le commandant Amirault ne cessait de canonner les batteries turques que pour battre le terrain par où débouchaient les masses ennemies. La liaison entre les deux armes se manifesta, une fois de plus, parfaite et une citation du général en chef récompensa l'action intelligente et intrépide des artilleurs.

Quand le calme se fut rétabli, le duc des Cars fit relever les troupes de la 1re brigade par celles de la 2e. L'ensemble des pertes de la division s'élevait pour la journée à 31 morts, dont 1 officier, et 169 blessés, dont 6 officiers.

La division Berthezène qui, la veille, avait été plus favorisée, eut à subir également un rude engagement. Le général Poret de Morvan occupait les croupes en avant de Deli-Ibrahim, le 1er de marche à l'extrême droite. A la nuit, on avait entendu les cris des Arabes et, en collant l'oreille à terre, les hommes percevaient le bruit confus de troupes en marche. Les premiers coups de fusils furent tirés dès minuit. Le 1er de marche, formé en carré, avait passé toute la nuit sous les armes. Au jour, on vit 1 500 cavaliers, précédant de nombreux groupes de Kabyles. Le feu commença sans tarder. Son intensité croissait de minute en minute. Vers huit heures et demie l'attaque se produisit, tellement violente qu'elle refoula le 2e bataillon et pénétra sur le plateau où les Arabes plantèrent leurs étendards. Le commandant Cousin, que le général envoya au secours du bataillon en retraite, vit ses compagnies submergées par le reflux de leurs camarades. Déjà les Kabyles étaient parvenus dans les rangs français. On se battait furieusement à l'arme blanche, dans la confusion d'une terrible mêlée, pendant que les cavaliers ennemis chargeaient en hurlant sur les flancs. Le commandant d'Arbouville, du 1er bataillon, put enfin rassembler ses carabiniers qu'il jeta contre les cavaliers. L'ennemi, hésitant d'abord, tourna brusquement bride et s'enfuit.

Au même moment, le 2e bataillon du 2e de ligne survint à la rescousse. Le commandant Cousin fit sonner la charge et, d'un seul bond, précipita l'ennemi dans les ravins. Mais les Turcs ne se tinrent pas pour battus. Une nouvelle attaque les ramena sur le plateau d'où ils furent chassés à nouveau. Deux obusiers, arrivés opportunément au moment de la seconde attaque, contribuèrent puissamment par leur feu à la victoire.

Les pertes du 2e de marche étaient de 8 officiers et 140 sous-officiers et soldats.

« Vers 4 heures du soir, dit le duc des Cars, Son Excellence le général en chef arriva sur notre position. Il annonça que les pièces d'artillerie, les outils du génie et les moyens de transport nécessaires étaient enfin arrivés et que la position de l'ennemi serait attaquée le lendemain 29. La nouvelle de l'attaque pour le lendemain fut reçue avec transport dans nos bivouacs. »

*
* *

Bourmont avait suivi de très près les derniers combats. Il était effrayé des pertes subies par l'armée qui s'élevaient à plus de 2 000 hommes, sans compter les malades dont le nombre était heureusement faible, 135 fiévreux d'après les rapports de l'intendant en chef Denniée. Les effectifs fondaient à vue d'œil ; par mesure de prudence, il demanda l'envoi immédiat de la 1re brigade de la division de réserve qui, sous le commandement du maréchal de camp comte de Rochechouart, était prête à s'embarquer à Toulon. La prise rapide d'Alger fit contremander cet ordre quelques jours plus tard.

Pour le moment, il fallait parer au plus pressé et boucher les vides. On ne pouvait plus attendre. Dans quelques jours l'armée trop affaiblie n'aurait plus été en mesure de porter le coup décisif contre Alger. Le général en chef enjoignit donc à la brigade Monk d'Uzer de quitter Sidi-Ferruch et de monter en ligne. Un bataillon du 48e restait seul au camp. C'est dans ces conditions qu'il demanda à l'amiral Duperré d'en assurer la défense avec ses marins.

Tout le matériel avait été débarqué malgré un nouveau coup de vent qui avait eu lieu dans la journée du 25 juin. Les marins y avaient apporté un zèle et une endurance admirables. Seul un chaland avec 25 chevaux fut perdu. Tout était maintenant à pied d'œuvre. Le comte de Bourmont en recevait le jour même l'assurance par les rapports des commandants de l'artillerie et du génie. Il recevait également la lettre de l'amiral par laquelle celui-ci dégageait sa responsabilité avec un beau sans-gêne. Dorénavant il était trop tard pour reculer ; le sort en était jeté.

Du haut de la terrasse de la maison crénelée, quartier général du duc des Cars, Bourmont et Desprez avaient longuement étudié les positions ennemies, la carte de Boutin à la main. Comme le disait le chef d'état-major, on ne pouvait enlever aux troupes commandées par le général des Cars l'honneur d'attaquer l'ennemi en avant du terrain que, pendant trois jours, elles avaient si vaillamment défendu. Aussi ses deux premières brigades allaient-elles former la gauche, tandis que le général Berthezène, avec les brigades Achard et Clouet, tiendrait la droite. Le centre revenait au général de Loverdo avec les brigades Damrémont et Colomb d'Arcine.

La brigade Poret de Morvan, dont les pertes avaient été sévères dans la journée, gardait le parc de siège, celle du général Monk d'Uzer le camp de Staouéli, moins un bataillon à Sidi-Ferruch, et le général de Montlivault assurait les communications de l'armée avec Staouéli et Sidi-Khalef.

L'armée ainsi groupée devait se porter d'abord contre le fort l'Empereur. Un rapport du général de Valazé concluait nettement à l'impossibilité d'investir Alger avec 25 000 hommes : « Le château de l'Empereur est le point dominant des fortifications d'Alger, disait-il, s'associant ainsi aux conclusions du colonel Boutin; c'est donc lui qu'il faut attaquer d'abord. On pourra de là battre la ville et le fort Bab-Azoun et descendre à une distance convenable pour établir des batteries de brèche contre l'une et l'autre[1]. »

Le succès devait prouver combien cet avis était juste.

____

1. *Journal du commandant en chef du génie*, Archives de la Guerre.

CHAPITRE XII

LE FORT L'EMPEREUR

Dispositifs d'attaque. — Brillante marche de la division des Cars. — Elle s'empare de la Bouzaréa. — Le général de Bourmont sur la droite. — L'état-major général se trompe de direction. — La division Berthezène marche sur la Bouzaréa. — Le général de Bourmont s'aperçoit de son erreur. — Des Cars prend la place de Berthezène. — Confusion extrême. — Embouteillage de deux divisions. — Les étonnements du général de Loverdo. — Le capitaine d'artillerie Lamy attaque seul le fort l'Empereur. — L'ordre est rétabli et le camp de siège formé.

Engagements à l'arrière.

Le fort l'Empereur. — Organisation de la tranchée. — Reconnaissance du général Desprez. — Construction des batteries.

L'action navale. — Les deux bombardements par mer. — Piètres résultats. — Tout est prêt pour l'attaque.

Le dispositif général de l'attaque amenait le général de Bourmont à marcher droit devant lui. La 1re division allait investir le fort l'Empereur sur la droite, le coupant de la route de Constantine; le centre se présenterait de face devant le château, et la gauche gagnerait la Bouzaréa d'où le lieutenant général des Cars redescendrait pour prendre position entre le fort et la ville.

Plan simple, mais d'une exécution des plus difficiles. La carte de Boutin ne représentait le versant oriental des monts que d'une façon tout à fait sommaire. Comme aucun point de vue ne permettait de plonger au delà des collines et qu'il était impossible d'y envoyer des reconnaissances, on restait dans le vague et l'incertain. Par suite en effet de la disposition des crêtes qui se profilent les unes sur les autres, entre des ravins étroits et profonds, un observateur ignorant de la topographie des lieux et peu habitué à la transparence de l'atmosphère africaine peut se croire à première vue à proximité immédiate de certains points alors qu'en réalité il faut des heures de marche pénible pour y parvenir[1].

En franchissant la ligne de partage, l'armée s'engageait dans un terrain tourmenté à l'excès où les eaux se précipitent vers la mer à travers des gorges raides et nombreuses.

Après avoir indiqué les grandes lignes de l'opération, le général en chef avertit ses divisionnaires qu'il se réservait de diriger personnellement la manœuvre, notamment lorsque, le point culminant des monts étant atteint, on pourrait avoir des vues sur Alger et sur le fort l'Empereur[2].

---

1. Rouquerol, p. 62.

2. Au sujet des opérations ultérieures, et notamment des erreurs commises dans la journée du 29 juin, en dehors des ouvrages cités, voir les relations du capitaine Rozet, de la brigade topographique (*Relation de la guerre d'Afrique pendant les années* 1830 *et* 1831, Paris, Didot, 1832), celles du capitaine d'état-major Pélissier, publiées dans les *Annales Algériennes* (Paris, Ancelin, 1836, 1ᵉʳ volume), et le *Journal historique de la* 3ᵉ *division de l'Armée d'Afrique* par le colonel Pellet (*Spectateur militaire*, novembre 1830). Paris, 1835.

On avait remarqué que les Turcs n'attaquaient que rarement avant le lever du soleil. Pour les surprendre, Bourmont décida de partir à trois heures du matin. La nuit calme avait permis aux hommes de prendre quelques heures de repos. Les régiments se formèrent en colonnes, dans le silence le plus absolu, l'artillerie divisionnaire dans l'intervalle des régiments. Une compagnie du génie, destinée à ouvrir la route, accompagnait chaque division.

L'aile marchante, formée par la 3e division, avait en ligne ses deux premières brigades, Bertier de Sauvigny et Hurel. « Le 29 juin, vers 4 heures, porte la relation du duc des Cars, nous avions franchi le premier ravin, et le jour commençant à nous éclairer, les trois colonnes débouchèrent dans le meilleur ordre et attaquèrent vigoureusement les Turcs. L'ennemi ne s'attendait pas à notre attaque. Il·fut surpris et repoussé dans le plus grand désordre. Il se jeta dans un ravin profond, et fut vivement suivi par la brigade Bertier[1]. » L'honneur de cette poursuite revint au lieutenant-colonel Baraguey d'Hilliers qui s'y distingua tout particulièrement. Le général mentionne également avec éloge le lieutenant

1. Le marquis Charles de Coriolis d'Espinouze, alors lieutenant au 35e de ligne, raconte l'affaire dans une lettre à sa mère : « Nous avons gravi les hauteurs au pas de charge et aux cris de « Vive le Roi ». La vue de nos masses s'avançant de tous les côtés pour les envelopper a suffi pour mettre les Turcs en déroute; ils se sont sauvés en poussant de grands cris, comme des sauvages, sans avoir tiré plus de trois ou quatre coups de canon. Nos tirailleurs leur ont donné la chasse, la baïonnette dans les reins, dans des ravins profonds et sur de hautes montagnes, et nous en avons tué un bon nombre. C'était une véritable chasse au renard; on les traquait dans leurs bois, dans leurs maisons. » (*Carnet de la Sabretache*, décembre 1925.)

de Maleyssie, adjudant-major du 17e de ligne. « Ce pays est très difficile, continue le duc des Cars, très coupé de haies épaisses, et si l'ennemi avait eu le temps de s'y rallier, il aurait pu nous faire éprouver une perte considérable. » Mais l'ennemi fuyait en désordre. Il laissait entre les mains de la 3e division ses tentes, ses bagages, ses munitions, les chevaux et les mulets encore entravés pour la nuit, et toutes les pièces de canon qui, la veille encore, bombardaient les lignes françaises.

A 5 heures du matin, le 17e de ligne, colonel Duprat, de la brigade Hurel, occupait le point culminant de la Bouzaréa, appelé « poste d'observation de la marine » ou « Vigie de la marine », et y arborait le drapeau fleurdelysé. L'enthousiasme des hommes était indescriptible. A leurs pieds, ils voyaient les maisons blanches d'Alger, dominées par la masse grise de la Casbah, le fort des Vingt Quatre Heures, le fort des Anglais, et toutes les batteries de la côte, le long de laquelle les maisons de campagne s'étageaient au milieu des jardins.

L'honneur d'apercevoir le premier la ville d'Alger et d'arborer le drapeau fleurdelysé était revenu au 17e d'infanterie. Créé en 1597, lors de la prise d'Amiens, il portait alors le nom d'Auvergne, sous lequel il ne tarda pas à s'illustrer; toutes les batailles, de Henri IV à Louis XV, devaient inscrire leurs noms sur ses drapeaux : Saint-Gothard, siège de Prague, Clostercamp, où un de ses officiers, le chevalier d'Assas, se fit une gloire immortelle. Puis le 17e, ainsi nommé depuis 1791, fut à Valmy, à Austerlitz, à Wagram, à Waterloo, en Espagne; deux soldats de ce régiment entreront les premiers au fort l'Empereur.

La marche de la division des Cars en ligne droite jusqu'à la cote 310 remontait le long des ravins sur le tracé
où passe actuellement le chemin qui, de la Bouzaréa vers
le sud, rejoint la grand'route de Cheraga à Alger par
El Biar. La Vigie est à la cote 407, sur le point culminant
où s'élèvent maintenant la redoute et le signal. De là,
descendant vers l'est, le général des Cars alla occuper
avec sa droite un mamelon plus rapproché de la ville,
à portée de canon de la Casbah.

Surpris dans leurs maisons, de nombreux Turcs
s'égorgèrent avec leurs familles pour ne pas tomber au
pouvoir des Français. Les pertes de l'ennemi étaient
très élevées et les nôtres insignifiantes.

Tout à coup, les fantassins au repos sur les positions
conquises virent s'avancer au milieu des orangers et des
haies une procession étrange d'où montaient des lamen-
tations et des appels. Un coup de fusil parti au hasard
jeta à plat ventre ce curieux rassemblement. Les officiers
s'approchèrent prudemment, entourés de leurs soldats,
le doigt à la gâchette du fusil ; ils craignaient une nouvelle
ruse des Arabes. Mais subitement un immense éclat de
rire partit des premières lignes. La théorie d'ombres
falotes n'était qu'une bande de malheureux Juifs pouilleux
qui, fuyant Alger et se faufilant à travers les ravins,
venaient se placer sous la protection des Français. Ils se
jetaient à genoux devant les officiers et les hommes, leur
baisaient les mains, les pieds, les habits, offraient de l'or,
des vieilles pièces espagnoles, enterrées dans leurs sor-
dides demeures depuis des siècles ; puis c'étaient des
bénédictions que des patriarches en loques prononçaient
sur les troupes. Le duc des Cars les dirigea sur le

camp de Sidi-Ferruch où ils attendraient la suite des événements[1].

L'heureuse et rapide marche de la 3e division décida de la première partie de la journée. Loverdo croyait trouver une violente résistance, mais devant la déroute de leur aile droite, les Turcs se replièrent en toute hâte. La 2e division passa la crête et atteignit un mamelon que traverse la route romaine. De cette faible hauteur, les officiers aperçurent devant eux une immense étendue couverte de brouillards épais : c'était le golfe. Alors, se retournant vers leurs hommes, ils répétèrent le cri millénaire des Dix mille : « La mer ! la mer ! » Les soldats reprirent joyeusement cet appel, qui courut le long des colonnes ; tous voulaient voir Alger et la Méditerranée ; on se pressait, se bousculait. Puis la division repartit au pas de charge et en quelques minutes parvint aux consulats de Hollande et d'Espagne qui se faisaient face sur les deux côtés de l'ancienne route. Le général d'Arcine arrêta sa brigade dans les jardins, tandis que, à sa gauche, Damrémont occupait une petite croupe où plus tard on éleva une redoute[2].

La division Berthezène était arrivée sans encombre jusqu'à Bir-ben-Atheïa. Elle avait traversé l'Oued Lekral

---

1. L'abbé Sève, dans ses *Souvenirs d'un aumônier militaire* (Lyon, Girard et Josserand, 1851), raconte d'une façon à la fois touchante et onctueuse la prise de la Bouzaréa et la rencontre avec les Juifs auxquels il applique des versets appropriés de la Bible : « Je leur rendrai le cœur lâche, lorsqu'ils seront au pays des ennemis, de sorte que le bruit d'une feuille agitée les effrayera. »

2. Les consulats de Hollande et d'Espagne sont les deux dernières maisons à la sortie est d'El Biar, d'après le plan directeur du Service géographique de l'armée, levé en 1904-1906.

et approchait de la route actuelle de Blida, lorsque le commandant en chef vint se porter en tête de la colonne pour reconnaître le terrain. Une succession ininterrompue de ravins descendait sur la droite, et au loin, par un phénomène habituel aux chaudes matinées d'été, un vaste tapis de brouillards couvrait la plaine de la Mitidja. Sur les hauteurs, l'atmosphère était d'une limpidité parfaite et les rayons du soleil, frappant sur cette surface blanche surchauffée, produisaient un miroitement qui donnait l'illusion de la mer. Le général Desprez consultait nerveusement la carte de Boutin qui ne le quittait jamais. Cette carte, que le vieux soldat de Napoléon avait jadis dressée en grande partie de mémoire, pouvait contenir des erreurs.

« La carte est inexacte, affirma-t-il au général de Bourmont ; voici la mer, et voilà Alger », et, se trompant de 90 degrés, il plaçait la ville au nord entre la pointe Pescade et la Bouzaréa. La méprise du général Desprez, chef d'état-major parfait pendant toute la campagne, est expliquée dans les souvenirs de ses camarades Berthezène et Loverdo par le même effet d'illusion optique. Aussi, lorsque Bourmont, adoptant les vues de son chef d'état-major, ordonna au général Berthezène de remonter sur la gauche, celui-ci ne fit aucune objection, et se portant résolument vers le nord, prit la direction de la Vigie, par le chemin des positions turques que le duc des Cars avait également suivi dans sa partie supérieure.

Précédant la 1re division, le général en chef arrivait à 7 heures du matin à la Vigie où il trouvait la division des Cars. De ce sommet, aucune erreur n'était plus possible. A ses pieds, le général voyait la ville d'Alger et sa rade. On distinguait les pièces et même les canonniers sur les murs de la Casbah et des remparts. Tout en bas, le long du rivage, des centaines de fuyards sortaient par la porte Bab-Azoun.

La surprise fut grande quand Bourmont s'aperçut de l'erreur que le général Desprez lui avait fait commettre: deux divisions, au lieu d'une, occupaient la Bouzaréa.

Mais avant de donner de nouveaux ordres, il fallait s'orienter avec exactitude.

Vers le nord, à petite distance, une maison de belle apparence était gardée par des janissaires qui ne semblaient marquer aucune hostilité. Un immense drapeau américain flottait sur le toit. Bourmont expédia le général Achard la reconnaître avec un détachement de troupes. Tous les consuls s'y trouvaient réunis, réfugiés chez leur collègue d'Amérique dont la maison spacieuse et éloignée offrait plus de sécurité. Ils assurèrent le général de leur parfaite neutralité dans la lutte, et demandèrent à demeurer dans cette villa jusqu'à la fin des hostilités. Seul, Saint-John, consul d'Angleterre, était resté à Alger. Avec sa résolution et ténacité britanniques, il soutenait le Dey jusqu'à la dernière minute.

Le général Achard fit désarmer les janissaires et mit un poste permanent d'infanterie pour la protection des consuls. Ces 12 janissaires leur avaient été prêtés par le Dey lui-même; vieux Turcs, à barbe grise et au visage impassible, ils inspiraient une telle frayeur aux Arabes que, même sans armes, leur seule présence avait suffi pour protéger les Européens.

Le consul d'Amérique ne s'attendait pas à recevoir de sitôt la visite des Français. Il était de fort mauvaise humeur. Néanmoins il invita les officiers à venir se rafraîchir et leur offrit un excellent Xérès.

Autour des maisons, mêlés aux serviteurs kabyles et nègres, une foule de Juifs allaient et venaient, s'insinuaient partout ; ils racontaient en mauvais langage franc les cruautés des Algériens.

Les consuls avaient pris sous leur protection des centaines de femmes juives internées dans deux ou trois maisons voisines. « Le général Achard fit placer des sentinelles à toutes les issues de ces maisons afin de prévenir les désordres qui se seraient produits si les soldats avaient pu approcher de ces dames. Il y eut bien quelques exceptions, mais on n'entendit parler ni de violences ni de scandales[1]. »

Il en fut de même lors de l'arrivée des fameux frères Bacri qui se présentèrent sur des mules richement harnachées, suivis de leurs familles et d'une multitude d'hommes, de femmes, d'enfants et de vieillards qui marchaient pêle-mêle avec des chameaux, des mulets et des ânes chargés de bagages. Cela tenait à la fois de l'Exode et du retour de Babylone. Au milieu de cette foule bigarrée, le capitaine Allut vit des jeunes femmes d'une beauté remarquable parmi lesquelles la délicieuse fille de l'un des Bacri.

Un Juif, mieux vêtu que les autres, demanda à être présenté au comte de Bourmont. C'était un ancien drogman du consulat de France qui prétendait s'appeler Durand et dont les renseignements n'étaient pas sans intérêt.

---

1. *Expédition contre Alger*, par le capitaine P. A. Allut du 37° régiment d'infanterie. *Carnet de la Sabretache*, 1902, p. 227 et suiv.

Mais Bourmont n'avait qu'une préoccupation, corriger l'erreur commise. Des deux divisions, celle du général Berthezène était visiblement fatiguée par la longue marche qu'elle venait de fournir; les troupes du duc des Cars avaient eu, par contre, plusieurs heures de repos. Bourmont décida de changer leurs positions respectives et de diriger la 3e division sur l'aile droite. En conséquence, le duc des Cars donna ordre à ses commandants de brigades de prendre la route par laquelle la 1re division venait de monter; l'état-major général, trompé par l'atmosphère limpide qui, rapprochant les crêtes, dissimulait les ravins, lui prescrivit de couper droit à travers les pentes pour gagner plus rapidement sa nouvelle destination en arrière et à droite du fort l'Empereur. Il était onze heures du matin et la chaleur devenait accablante.

Le général en chef scrutait à ce moment les alentours du fort, quand il vit déboucher sur la face sud-est de cet ouvrage des fantassins et une batterie d'artillerie. Immédiatement les canons turcs se mirent à tonner. On entendait d'en bas le crépitement de la fusillade et les coups sourds de notre artillerie de campagne. L'état-major supposa que c'étaient les troupes du général de Loverdo qui déjà se trouvaient en place devant le fort l'Empereur, bien que l'ordre leur eût été donné de bon matin de remonter également vers le nord. Bourmont se hâta d'envoyer le maréchal de camp de Tholozé, sous-chef d'état-major général, pour dire au commandant de la 2e division de se maintenir devant le fort l'Empereur et de rappeler à lui toutes les troupes que l'ordre erroné du matin avait pu faire remonter. Lui-même se rendit alors vers le fort au point où il voyait l'infanterie et l'artillerie engagées.

Le duc des Cars était parti à onze heures à travers les ravins et les broussailles, par des sentiers où les hommes étaient obligés de se suivre à la file indienne. On glissait et on peinait sous un soleil de feu. Il était impossible de maintenir une discipline de marche et le désordre ne tarda pas à se mettre dans les rangs. Aussi le duc hâtait-il autant que possible la marche pour rejoindre le terrain ouvert et reformer ses unités. Quel ne fut pas son étonnement en rencontrant à mi-chemin les deux brigades du général de Loverdo qui remontaient les mêmes pentes en sens inverse ! En un clin d'œil les deux troupes furent mêlées, embouteillées dans une confusion extrême. Si un ennemi les eût surprises à ce moment, c'était le désastre. Heureusement les Turcs, réfugiés derrière les murs d'Alger, ne bougeaient pas. Loverdo, de fort mauvaise humeur, montrait au général des Cars les ordres catégoriques qu'il avait reçus le matin de remonter à la Bouzaréa, lorsque survint le général de Tholozé qui apportait les nouveaux contre-ordres. Séparant tant bien que mal leurs quatre brigades, les deux généraux reprirent alors la route descendante, et à 5 heures du soir, la division des Cars, épuisée de fatigue par treize heures de combats et de marches, arrivait sur sa position à la droite du général de Loverdo.

Comment ce général s'était-il trouvé subitement sur les pentes des monts au lieu de garder sa place devant le fort ?

On se rappelle qu'entre 6 et 7 heures du matin il avait rejoint la route romaine devant les consulats de Hollande et d'Espagne. Ses brigades disposées sur les côtés de la route, il attendait les ordres du commandant en chef qui suivait avec la division Berthezène. C'est à ce moment qu'intervint l'erreur du général Desprez qui, trompé par les brouillards de la Mitidja, situait Alger à 90 degrés plus au nord et déplaçait le front en conséquence.

Suivant toujours la 1re division, Bourmont et l'état-major général étaient remontés vers la Vigie quand, parvenus au sommet du grand ravin de Bab-El-Oued, ils y trouvèrent 3 pièces d'artillerie qui battaient le fond de la vallée où l'on apercevait encore quelques groupes de fuyards arabes. Toujours persuadé qu'il marchait dans la direction du fort, Bourmont crut que c'était l'extrême gauche ennemie destinée à défendre les abords du château, et craignant de voir le général de Loverdo coupé du gros de l'armée, il lui envoya en toute hâte son sous-chef d'état-major avec l'ordre de suivre le mouvement d'ensemble.

Arrivé auprès du commandant de la 2e division, le général de Tholozé l'avertit qu'il s'était jeté trop à droite, en se fiant à une erreur de la carte de Boutin. Très étonné, Loverdo lui répondit qu'il était au contraire sûr de son chemin, et que la preuve se trouvait là devant ses yeux. Cette preuve, c'étaient les hampes des drapeaux qui surmontaient les toits des consulats. Or, la position exacte des consulats devant le fort ne pouvait être mise en doute.

— Vous vous trompez, répliqua Tholozé; voici la mer sur votre droite; vous êtes donc loin du château.

— Je n'y comprends plus rien, bougonna Loverdo; dites-moi alors où nous sommes.

— Voici, intervint alors le capitaine Bernard, aide

de camp du général de Tholozé, et sur-le-champ il lui dessina un croquis, lequel, naturellement, mettait la Mitidja à la place de la rade d'Alger.

— Bien! conclut alors Loverdo, et il transmit les nouveaux ordres à ses maréchaux de camp.

Ce fut le tour du général d'Arcine de refuser et de se fâcher. Il était à la place qu'on lui avait indiquée et ne voulait pas en bouger. Le lieutenant général lui dépêcha alors un second message renouvelant son ordre. Cette fois, d'Arcine se rendit lui-même auprès de son divisionnaire, accompagné des colonels Bérard de Goutefrey, commandant le 21e d'infanterie et Lachaux, commandant le 29e.

— Ma brigade, dit-il à son chef, occupe la voie romaine. Veuillez, mon général, faire quelques pas, et vous apercevrez vous-même le fort l'Empereur. L'ennemi, battu et découragé, ne tient plus nulle part; mais un mouvement de retraite lui rendra confiance. Du point où nous sommes, on peut commencer de suite l'investissement de la place.

Le général de Loverdo ne connaissait que la discipline. Les ordres reçus étaient formels; il n'y avait qu'à s'incliner. C'est ce qu'il fit. Les troupes rebroussèrent chemin pour remonter vers la gauche, et, du coup, commettaient une seconde et double erreur, car elles allaient emprunter l'impossible parcours soi-disant direct à travers les ravins et les collines.

Seule, l'artillerie divisionnaire ne suivit pas. Le capitaine Lamy, qui la commandait, avait entendu dire par le général qu'on occuperait une position en face des fronts ouest et sud-ouest du fort. Lorsqu'il vit l'infanterie s'engager dans les haies et les fondrières où ses pièces et ses caissons ne pouvaient suivre, il demanda au général liberté de manœuvre, promettant de se trouver avant lui à son poste, pourvu qu'on lui donnât un bataillon d'escorte. Très certainement le capitaine Lamy ignorait la marche absurde que toute la division allait entreprendre, et, comme il avait vu de ses yeux la silhouette trapue du château, il s'y porta tout droit par la voie romaine, emmenant avec lui le 2ᵉ bataillon du 49ᵉ, une compagnie de sapeurs, sa batterie et la réserve de la batterie de montagne.

Les avant-gardes ennemies rejetées s'étaient retranchées dans des maisons aux environs du consulat de Hollande. Quelques coups de canon les firent déguerpir au plus vite, et bientôt le capitaine Lamy arrivait à demi-portée de canon du fort. Il plaçait ses fantassins d'escorte à l'abri sur le revers d'une colline, sous l'angle mort des grosses pièces turques, et se mit en devoir de contre-battre l'artillerie ennemie qui le canonnait violemment.

C'est cet engagement que Bourmont avait vu du haut de la Vigie et qu'il attribuait à la division Loverdo. Il avait alors quitté son poste d'observation pour suivre de plus près l'action de ce qu'il croyait être toute la 2ᵉ division. Il descendit donc par l'ancienne route turque, pendant que, caché à sa vue, Loverdo remontait dans les ravins sur sa gauche. Mais arrivé devant le fort, il se rendit compte qu'il n'y avait qu'un seul bataillon à la place de la division.

Il n'y avait rien à faire qu'à attendre que la 2ᵉ division, rappelée par le général de Tholozé, revînt sur ses pas,

FORT L'EMPEREUR (1830).

et que le duc des Cars la suivît. Le général de Bourmont était venu par la route empruntée le matin par le général Berthezène ignorant les difficultés dans lesquelles se débattaient ces deux divisions.

Vers deux heures, il rencontra sur le plateau le général de Valazé qui venait reconnaître l'emplacement du camp de siège. Longuement, le commandant en chef, le général Desprez et le général de Valazé étudièrent le terrain. Ils étaient en pleine vue du château de l'Empereur, protégés seulement par un mince cordon de troupes. L'artillerie des forts les canonnait sans arrêt, pendant que, sans se hâter, ils choisissaient les positions. Heureusement aucune troupe ennemie n'eut l'idée de tenter un coup de main contre les trois généraux qui, avec le plus grand sang-froid, attendaient l'arrivée des divisions. Enfin l'avant-garde parut, suivie lentement par les régiments qui débouchaient un à un.

Le commandant en chef désigna lui-même aux maréchaux de camp l'emplacement de leurs brigades.

D'emblée, il avait accepté les propositions du commandant du génie qui, comme il le raconte lui-même, les avait préparées d'avance à l'aide du mémoire de Boutin. « Le camp doit venir s'établir le plus près possible, avait écrit ce dernier; il doit occuper les points dominants et d'un accès difficile, afin d'être en sûreté contre la cavalerie ennemie. Or le terrain compris entre le château de l'Empereur et les maisons de Suède, d'Espagne, de Hollande, et en arrière, semble remplir ces conditions. » Le général de Valazé proposait de creuser de suite une première tranchée à environ 700 mètres du fort, à cheval sur la route romaine, et en avant du consulat de Suède. Cette tranchée formait à la fois le premier ouvrage défensif du camp et la première parallèle de siège. Le quartier général fut établi à 2 000 mètres du fort dans une maison de campagne située à proximité de la voie romaine.

L'état de fatigue des troupes ne permettait pas d'utiliser plus d'un bataillon de travailleurs et deux bataillons de garde. Le 35e d'infanterie fournit des travailleurs et le 49e prit la garde. Le chef de bataillon du génie Vaillant (le futur maréchal) eut pour cette nuit le commandement de la tranchée. Plusieurs maisons furent occupées sans coup férir, et formaient autant de points d'appui. Le travail avançait lentement; le sol rocailleux et schisteux épuisait les hommes; heureusement l'ennemi ne vint pas troubler le repos de l'armée.

Les pertes des 6 brigades étaient insignifiantes eu égard au gain considérable de la journée : 50 hommes mis hors de combat, dont peu de tués. Seule à l'arrière, la brigade Poret de Morvan, dont les pertes des jours précédents avaient motivé sa mise au repos au camp de Chapelle et Fontaine, dut soutenir un combat très vif dans la matinée.

Les Arabes établis au sud du camp retranché dans des masures ouvrirent un feu violent sur ses lignes. Le colonel Roussel, du 3e d'infanterie, commanda au sous-lieutenant Bonat de les débusquer avec une section. Le capitaine de Galbois, officier d'ordonnance du général Poret de Morvan et le lieutenant aide-major Charles de

Bourmont, fils du général en chef l'accompagnaient. A la première décharge, le sous-lieutenant Bonat fut atteint d'une balle à l'épaule droite. Il prit son sabre de la main gauche et continua en tête de ses hommes. « M. de Galbois, assailli par trois Kabyles, en abattit un d'un coup de pistolet ; mais les autres se jetèrent sur lui et le renversèrent. Il allait être massacré lorsque le grenadier Sauvadet, volant à son secours, tua un de ses adversaires d'un coup de fusil, et se précipitant sur l'autre le traversa d'un coup de baïonnette. Entouré lui-même par d'autres qui accourent sur le lieu de la scène, le brave grenadier est terrassé à son tour et reçoit plusieurs coups de sabre ; mais, par un vigoureux effort, il se relève, tue un des ennemis d'un coup de baïonnette, et parvient à mettre les autres en fuite. La position fut enlevée ; les Kabyles disparurent, et la brigade fut tranquille tout le reste du jour[1]. »

*
* *

Le fort l'Empereur, que l'armée française se préparait à assiéger, formait un rectangle dont les grands côtés ont 150 mètres de longueur et les petits 100. Ses murs, d'une hauteur moyenne de 9 mètres, étaient flanqués de bastions irréguliers avec des parapets en pisé recouverts de maçonnerie. Au centre, une grosse tour ronde dominait tous les ouvrages, sorte de donjon contre lequel s'appuyaient des magasins casematés. Le château était

____

1. *Histoire de l'Algérie*, Manuscrit du ministère de la Guerre.

armé d'une nombreuse artillerie, tant canons qu'obusiers, dont les embrasures étaient recouvertes avec des sacs de laine. Le Khaznadji, auquel le Dey avait confié la défense, commandait à une garnison de 800 Turcs, artilleurs pour la plupart, et de 1 200 Arabes et nègres, nombre excessif pour un aussi petit espace. Situé sur un rocher, à 800 mètres des remparts de la ville, ses canons tenaient sous leur feu Alger et sa rade; seules les hauteurs de la Bouzaréa le commandaient. Lors du siège par Charles-Quint, l'Empereur avait établi sur cet emplacement son quartier général, et c'est en souvenir de lui que les indigènes l'appelaient Sultan Kalessi. Hassan Agha avait reconnu l'importance de cette position qui portait alors le nom de Sidi-Yacoub, et, dès le départ de l'Empereur, il avait commencé la construction du château terminé en 1545.

En face du fort, l'enceinte triangulaire d'Alger développait 3 000 mètres de murs, hauts en moyenne de 12 mètres, garnis de tours carrées et entourés d'un fossé de 7 à 8 mètres de profondeur. Le mur était en terre, couronné par un parapet de pierre, percé d'embrasures pour l'artillerie et l'infanterie. Vers la rade, la défense n'était plus assurée que par un simple mur, mais une imposante ligne de batteries le rendait inabordable : fort du cap Matifou, forts de l'Eau, de Bab-Azoun, du Front de mer, de la Marine, fort Neuf, fort des Vingt-Quatre Heures, fort des Anglais, fort de la Pointe Pescade; enfin 18 batteries armées de 587 bouches à feu. A la pointe du triangle, adossé contre les murs, se dressait le palais du Dey, la Casbah. Plus forteresse que palais, elle tenait en respect la ville étagée à ses pieds mais était menacée à son tour par le fort l'Empereur. Il semblait donc logique de s'y attaquer d'abord.

Maîtres du château, les Français tenaient la ville à leur merci.

* * *

Le 29 juin au soir, l'armée française avait pris ses positions de siège. La place n'était pas complètement investie, car, non seulement la route du sud restait ouverte vers Constantine, mais encore, sur mer, seule la sortie du golfe vers le large était bloquée; la navigation dans la baie restait libre. Obligée de garder ses communications avec sa base navale de Sidi-Ferruch, l'armée du général de Bourmont ne pouvait envelopper un demi-cercle aussi vaste. Les Turcs, heureusement, avaient une confiance aveugle dans leurs forteresses; ils ignoraient le grand principe de la défense mobile qui empêche l'ennemi de s'approcher des places. Ainsi ils avaient abandonné sans coup férir les hauteurs de la Bouzaréa et celles qui commandaient le fort l'Empereur, positions de tout premier ordre dont la conquête permettait le tir direct sur la ville.

On avait constaté les jours précédents avec quelle facilité les troupes du Dey cédaient le terrain. Tactique bien compréhensible chez les Arabes dont le campement mobile se déplace avec la marche de l'armée dans l'infini des steppes; elle ne s'explique chez les Turcs que par le souvenir tenace des échecs chrétiens devant les murs de leurs forteresses. C'est là, croyaient-ils, que les Français allaient être battus.

Les combats qui se livrèrent dans les premiers jours de juillet ne furent que des escarmouches souvent violentes, dues plutôt à l'initiative de quelques chefs audacieux qu'à la volonté du commandement supérieur. Turcs et Arabes étaient des adversaires toujours redoutables dont la bravoure ne se démentit point. Les très sages précautions prises par Bourmont permirent de préparer l'assaut sans grosses pertes.

Le 30 juin, le colonel Bérard de Goutefrey, commandant le 21e d'infanterie, était de tranchée avec le chef de bataillon du génie Chambaud. Quatre bataillons gardaient les tranchées, et 800 hommes travaillaient aux batteries de siège et aux retranchements. De bon matin, l'ennemi ouvrit le feu contre les maisons crénelées qu'il croyait occupées, et prononça une attaque qui fut repoussée par le 6e de ligne. Le commandant Chambaud, magnifique de courage, se tenait debout devant ses sapeurs, lorsqu'un biscaïen, ricochant sur un rocher, vint lui traverser le corps. Huit jours plus tard, il mourait de sa blessure, laissant le souvenir d'un officier de grande valeur. Le commandant Vaillant le remplaça comme chef de tranchée.

Une autre attaque contre le consulat de Suède fut également repoussée, mais non sans pertes; le 6e de ligne eut 52 hommes tués et blessés.

Ces attaques prouvaient la position délicate dans laquelle se trouvait l'aile droite de l'armée, qui, séparée de la mer par une large bande de terrain, voyait en dessous d'elle les contingents de Titteri et de Constantine circuler librement le long de la plage.

La première pensée de Bourmont avait été de couper

toute communication entre la place et l'arrière-pays, en poussant ses troupes jusque sur la route de Constantine et en s'emparant des batteries qui, à cet endroit, défendaient l'accès de la mer. Mais la leçon de la veille avait porté ses fruits, et le général n'entendait plus se lancer dans l'inconnu, sans reconnaissance préalable. L'importance lui parut telle qu'il en confia l'éxécution au chef d'état-major lui-même.

Le général Desprez partit donc le matin du 30 juin avec le 2e régiment de marche et 2 obusiers de campagne, et se porta d'abord au consulat de Suède qui devait être le point de départ de la reconnaissance. « Pendant qu'il traversait les jardins, le feu du château de l'Empereur se dirigeait contre lui, mais sans qu'il éprouvât des pertes. Il continua son mouvement, chassant devant lui un essaim d'Arabes qui, du rivage, avaient marché vers la droite de la position occupée par la 3e division. Le terrain que l'on avait à parcourir, quoique fortement accidenté, était couvert d'une riche végétation; des orangers entouraient les lieux habités. C'est dans cette riante partie des environs d'Alger qu'ont été construites les plus belles maisons de campagne. Quelques pièces des batteries de côte avaient été dirigées du côté de la terre. Elles firent feu, mais l'angle élevé sur lequel il fallait les pointer rendait le tir fort incertain. Après avoir terminé la reconnaissance, le général Desprez se rapprocha du quartier général. Les Arabes suivirent ce mouvement rétrograde; mais les dispositions que l'on prit en l'exécutant les tinrent constamment à une assez grande distance de la colonne. Un soldat du 2e de marche perdit la vie; deux autres furent blessés.

« On aurait pu, sans beaucoup de pertes, enlever les batteries et chasser les Arabes du bord de la mer ; mais pour s'y établir et conserver une communication sûre et facile entre le centre et la droite de l'armée, il aurait fallu se retrancher, ouvrir des chemins dans un terrain inégal et rocailleux, et mettre en état de défense un grand nombre de maisons. Ces travaux auraient exigé l'emploi de beaucoup de bras. M. de Bourmont pensa que c'était vers l'attaque du fort l'Empereur que devaient se diriger tous les efforts de l'armée[1]. »

Déjà le général de La Hitte avait procédé, dans la matinée, à une reconnaissance détaillée du fort. Seule, la face sud-ouest semblait abordable, après que l'artillerie, tirant de plein fouet, aurait rasé les merlons en maçonnerie qui protégeaient les défenseurs. Il proposa au général en chef de disposer les batteries de la façon suivante :

1° *La Batterie Duc de Bordeaux*, composée de 2 obusiers de 8 pouces, tirant sur la face sud-ouest du château, à la distance de 600 mètres ; elle se trouvait à environ 300 mètres au nord du consulat de Suède ;

2° *La Batterie du Roi*, 6 canons de 24, sur la gauche, et à proximité de la première ;

3° A gauche de la route, et à la même hauteur environ, *la Batterie du Dauphin*, 4 canons de 24 ;

4° A 100 mètres, en avant et sur la gauche, *la Batterie Duquesne*, 4 mortiers de 10 pouces, dont le feu devait atteindre la capitale de l'angle ouest du fort, à 450 mètres ;

5° *La Batterie Saint-Louis*, 6 canons de 16, située dans le prolongement de la face sud-ouest du fort, à 600 mètres.

1. Desprez, *op. cit.*, 163 à 165. Également Fernel, *Campagne d'Afrique*, passim.

Cette batterie seule s'attaquait aux remparts regardant le nord-ouest.

Pendant les travaux, une nouvelle batterie, la sixième, nommée *Batterie Henri IV*, fut créée dans les jardins du consulat de Suède; armée de 4 obusiers de 8 pouces, elle battait, à 800 mètres, la face nord-ouest du château.

Plus tard encore, la septième, une batterie composée de 2 pièces de campagne, allait battre l'intérieur du fort et ses communications avec la Casbah[1].

Le camp de siège lui-même formait un quadrilatère irrégulier sur le plateau d'El-Biar, le long de la route romaine, protégé par la longue ligne de l'armée qui occupait toutes les hauteurs.

La position des trois divisions était la suivante :

Le général Berthezène avait sa 1re brigade (Poret de Morvan) à la garde du camp de Staouéli, en protection des convois sur la route. La 2e (Achard) formait l'extrême gauche jusqu'à la batterie Saint-Louis, un bataillon du 14e de ligne gardant le consulat des États-Unis. Le général Clouet, avec la 3e brigade, campait à Chapelle et Fontaine, et surveillait la voie militaire.

Les trois brigades de la division Loverdo étaient en ligne, le général Damrémont derrière le consulat d'Espagne, Monk d'Uzer en avant de celui de Hollande, et Colomb d'Arcine en arrière, à gauche de la route. Un bataillon du 48e formait avec 4 500 marins la garnison de Sidi-Ferruch.

---

1. Des cartes du siège se trouvent dans Fernel : *Campagne d'Afrique*, Paris, 1831 ; dans le *Journal d'un officier de l'Armée d'Afrique* (général Desprez), Paris, Anselin, 1831 ; et *Expédition d'Alger* du capitaine (actuellement général) Rouquerol.

Le duc des Cars disposait la brigade Bertier de Sauvigny au quartier général, sur la droite de la voie romaine, derrière les consulats d'Espagne et de Hollande; le général Hurel, sur les pentes extrêmes du mamelon, se tenait à droite de la batterie Henri IV, ayant en soutien le général de Montlivault qui renforçait et flanquait ainsi notre extrême droite.

Le plan d'artillerie ayant été approuvé par le comte de Bourmont, le général de La Hitte partit aussitôt pour désigner lui-même sur le terrain l'emplacement des pièces, accompagné du général de Tholozé et des capitaines dont les compagnies devaient construire les batteries. Grâce à ses prévisions, tout le matériel de siège arrivait rapidement, et, malgré le terrain très difficile, les travaux purent être achevés en 4 jours. Des tranchées, construites par le génie, défendaient et reliaient les batteries. Les fusils de rempart, habilement dissimulés dans des maisons, furent confiés aux meilleurs tireurs de l'armée.

Nuit et jour, le chemin de Sidi-Ferruch était sillonné par 82 voitures et 300 mulets, portant 72 000 kilogrammes de chargement journalier, sans compter l'approvisionnement des redoutes, le long de la voie militaire. Malgré la chaleur intense, ce service pénible ne se ralentit jamais, et mérita au corps de l'intendance et à son chef, le baron Denniée, les plus justes félicitations du comte de Bourmont. L'eau, heureusement, se trouvait en abondance et l'aqueduc d'Alger traversait nos lignes. En dépit de toutes les recommandations, les soldats, avec leur insouciance habituelle, s'amusaient à en percer les conduites pour se laver et abreuver leurs chevaux. Il fallut les ordres les plus sévères pour empêcher ce vandalisme.

A partir du 1er juillet, le service de tranchée fut organisé avec méthode. Un maréchal de camp la commandait pendant 24 heures, ayant à ses côtés un chef de bataillon d'infanterie, faisant fonction de major de tranchée, assisté de deux aides-majors. C'est au commandant Lugnot, du 21e d'infanterie, officier d'une activité et d'une bravoure éprouvées, que le général en chef confia le rôle délicat de major de tranchée. Les travailleurs se relevaient deux fois par jour, tandis que la garde des tranchées, composée de 1 500 hommes, ne changeait qu'au lever du soleil, précaution que l'expérience avait fait admettre, car, à cette heure, les Turcs étaient encore inactifs, et nos troupes, qu'une journée de garde avait familiarisées avec leur secteur, le défendaient la nuit avec plus de confiance. Tous ceux qui ont eu l'honneur de combattre pendant la dernière guerre se rappelleront encore combien les relèves de nuit étaient pénibles et scabreuses, surtout quand il fallait prendre possession d'une tranchée pour la première fois; il est vrai que l'on n'avait pas à combattre des Turcs engourdis de sommeil.

Sauf un petit combat à l'aile droite, la journée du 1er juillet se passa calme pour l'armée de terre. Il en fut tout autrement sur mer.

*
* *

Arrivé devant le fort l'Empereur, le général en chef avait estimé que le moment était venu de demander l'aide de la marine. Dans son esprit, il ne pouvait s'agir que d'une démonstration destinée à attirer une partie des défenseurs de la ville sur le front de mer et à encercler Alger de tous les côtés. Il comptait également sur l'effet moral que la masse imposante de notre flotte et les effets d'un bombardement ne pouvaient manquer d'exercer sur l'esprit des Algériens.

Aussi, dès le 27, le général de Bourmont avait demandé à l'amiral Duperré d'exécuter une fausse attaque contre la ville le jour même où il investirait le fort l'Empereur. L'amiral lui répondit le lendemain : « La seule position à prendre par des bombardes serait dans l'est de la ville, mais après la reddition du fort Bab-Azoun, et c'était mon intention de la faire prendre. Dans toute autre, il est bien reconnu que, sous le feu des batteries, les bombardes seraient sacrifiées sans nul effet. Elles ne pourraient s'en retirer, surtout avec les courants violents qui existent en ce moment. J'ai été obligé d'envoyer, la nuit dernière, deux bateaux à vapeur retirer de dessous la terre, sous le cap Caxine, une corvette et surtout le vaisseau le *Trident* qui, après avoir cassé deux ancres dans le coup de vent d'avant-hier qui a de nouveau compromis le salut de toute l'armée, avait déradé, et était en dérive.

» Quant à faire exécuter la fausse attaque par des

vaisseaux et frégates qui, presque tous armés sur le pied de paix, sont aujourd'hui désarmés par suite des sacrifices en hommes et embarcations, si utiles pour les relever de la côte, en cas de besoin, je dois vous dire que la Marine fera, dans cette circonstance, tout ce qu'elle pourra. »

C'était l'habituelle conclusion de l'amiral Duperré dont la prudence craintive et bougonne contrastait étrangement avec l'allant de ses officiers. « On fera ce qu'on pourra », était son *leit motiv* où l'on entendait en sourdine : « Si ça va mal, c'est vous, Bourmont, qui l'aurez voulu. »

La démonstration fut fixée au 30 juin et son exécution confiée au contre-amiral de Rosamel. Mais ce jour-là, un calme plat empêcha l'escadre de sortir, et ce ne fut que le 1er juillet que les canons des vaisseaux répondirent au loin à ceux de l'armée de terre.

Dans la nuit, une brise maniable de l'ouest s'était levée. Au jour, le contre-amiral de Rosamel partit avec sa division, et défila sous les batteries, depuis la pointe Pescade jusqu'au Môle, à grande portée de canon. Le feu des vaisseaux répondait à celui des canons de terre. Le rapport de l'amiral note qu'en passant devant les forts, il s'aperçut qu'ils étaient démunis de leurs canonniers, car ils ne commencèrent à tirer que sur le centre de la ligne. Rappelés sans doute d'autres points du front, les artilleurs turcs ouvrirent alors un feu continu sur nos bâtiments, sans les atteindre, quoique plusieurs projectiles, dépassant les navires, allassent tomber au large. Beaucoup de bombes furent lancées, mais presque toutes éclataient en l'air. Après avoir contourné les formidables remparts du Môle, la division continua sa route vers le fond de la baie. Un calme profond y régnait, entraînant les navires sous Matifou où ils furent retenus toute la journée du 2 juillet, sans pouvoir renouveler leur démonstration. C'est là que l'amiral en chef vint les rallier dans la soirée[1].

Tel est le récit de l'amiral Duperré.

A terre, l'armée admirait ce magnifique spectacle naval, sans cependant être dupe de son utilité. « Toutes les terrasses des maisons de campagne et les points élevés du pays, écrit le chef de bataillon Fernel, de l'état-major général[2], furent couverts de curieux qui jouirent pendant une heure et demie d'un spectacle remarquable. L'escadre de bataille était sous voiles, et tous les bâtiments qui la composaient passaient successivement devant les forts de la côte, lâchaient leurs bordées de tribord et regagnaient la pleine mer quand ils les avaient dépassés, afin d'éviter les feux redoutables des batteries du Môle. C'est dans le prolongement d'une des vallées qui environnent la ville, et dans un encadrement formé par les hauteurs sur lesquelles l'armée était campée, que cette scène se passait pour nous; elle nous rappelait les exercices de la marine dans la rade de Toulon, lorsque les bâtiments essayaient la portée de leur artillerie, car, ici comme en France, la mer engloutissait tous les boulets et, à l'exception d'un très petit nombre, aucun n'arrivait à sa destination. »

Une dépêche du consul d'Angleterre, Robert William

1. Rapport de l'amiral Duperré au ministre de la Marine. Vaisseau la *Provence*, devant Alger, le 3 juillet 1830.
2. Fernel, *op cit.*, p. 109.

Saint-John, en donne une version sensiblement égale.

« Ce matin, 2 vaisseaux de ligne et 9 frégates, sous le commandement de l'amiral Rosamel, sont venus et ont tiré sur quelques petits forts, près de la ville, sur la côte ouest ; mais comme ils se tenaient tout à fait hors de portée de canon, ils ne firent aucun mal, et c'était la chose la plus ridicule qu'on pût voir. » (*It was the most ridiculous thing that could be witnessed*[1]).

Même en admettant l'évident parti pris du consul anglais, on ne pouvait nier l'inefficacité de la démonstration navale. Les canonniers turcs qui armaient les pièces de côte n'étaient pas les mêmes que ceux qui défendaient le fort l'Empereur, et le feu qu'ils entretinrent toute la journée prouvait que les canons de l'amiral de Rosamel ne les intimidaient aucunement.

Néanmoins le commandant en chef persistait à vouloir la coopération de la flotte pour le jour de l'attaque. Il écrivit à nouveau à l'amiral pour le prévenir que ce jour, qu'il espérait pouvoir fixer au 3 juillet, des fusées tirées de la Bouzaréa l'avertiraient d'avoir à attaquer le front de mer avec toute l'armée navale.

Duperré avait, de son côté, formé une nouvelle division de 7 vaisseaux armés en flûte, commandée par le capitaine de vaisseau Ponée, de l'*Algésiras*, qui croisait à l'ouvert de la baie, en communication avec l'armée navale devant Alger sous le pavillon du commandant en chef. Le commandant Cuvillier, le plus ancien capitaine de vaisseau de l'armée, restait à Sidi-Ferruch avec 5 frégates armées en flûte et 1 400 hommes pour les corvées

1. *The Scourge of Christendom*, chap. XIX.

d'embarcations. Son vaisseau, le *Superbe*, rejoignit l'armée navale, sous les ordres du commandant en second.

Pendant que les escadres étaient ainsi retenues par le calme dans la baie d'Alger, l'armée de terre continuait fiévreusement ses travaux. Le 2 juillet, le général Bertier de Sauvigny commandait la tranchée. Deux petits combats se poursuivirent aux ailes et ne furent marqués que par le coup de main du général Achard sur la pointe Pescade. En tête de 4 compagnies du 14e de ligne, ce général avait poussé une reconnaissance jusque devant deux batteries de la côte. Les grenadiers s'étaient glissés dans les ravins, et grimpant dans les broussailles chargèrent subitement, tambours battant; les artilleurs turcs se sauvèrent dans des barques ancrées au pied des batteries. 25 canons et une grande quantité de poudre et de projectiles tombèrent entre nos mains; mais le petit nombre de troupes ne permettait pas de garder la position qui fut évacuée par la suite.

A la nuit tombante, les pièces de siège, arrivées de Sidi-Ferruch, furent amenées à leurs batteries respectives, opération délicate et dangereuse, dans un terrain difficile où les routes d'accès étaient encore à peine tracées, et qu'un feu continuel de bombes et de mitraille balayait sans cesse. Néanmoins l'habileté des artilleurs permit de conduire les pièces, sans pertes, jusqu'à leurs emplacements, et à les pourvoir de munitions. La mise en batterie, pendant la nuit, employa tous les hommes.

Bourmont avait demandé au général de La Hitte d'ouvrir le feu le 3 juillet; mais les batteries n'étaient pas encore prêtes. 20 pièces sur 26 seulement étaient en état de tirer avant l'aube, et l'approvisionnement, calculé à raison de 300 coups par pièce de 24 ou de 16 et de 200 par mortier ou obusier, ne pouvait être complété que dans la journée du lendemain. Force était de remettre l'attaque au 4 juillet.

Le général Damrémont commandait la tranchée dans la journée du 3 ; elle fut marquée par une attaque contre la batterie Saint-Louis et un feu continuel d'artillerie et de mousqueterie. Grâce aux parapets des tranchées maintenant terminés, nos pertes furent minimes.

L'intrépidité des Turcs faisait l'admiration des soldats. « Dans cette attaque, raconte le prince de Schwarzenberg, toujours en première ligne, je fus témoin d'un trait d'intrépidité romaine. Une troupe de Turcs était arrivée jusqu'à la contrescarpe de la batterie, sans se laisser ébranler par un feu de mousqueterie très vif. Son chef, un homme grand et fort, monta sur le parapet le sabre au poing et y planta un petit drapeau. Un officier, — je crois qu'il était du 37ᵉ de ligne, — sauta sur le parapet et transperça de son épée le Turc qui alla rouler dans le fossé. A cette vue, ses compagnons s'enfuirent. Le blessé sortit en rampant du fossé, se redressa, cria et appela de la main ses hommes ; ce fut en vain. Pendant qu'il faisait ces efforts, un projectile, parti de la batterie, lui fracassa le genou ; il retomba ; mais s'appuyant sur une de ses mains, il se souleva de nouveau, et, de l'autre main, il rappelait encore les fuyards au combat. Voyant son appel rester inutile, il vomit contre les Français les plus violentes imprécations et, s'enfonçant jusqu'à la garde son yatagan dans la poitrine, il rendit son âme avec une dernière malédiction. »

Sur l'extrême gauche, le feu du fort des Anglais,

du fort des Vingt-Quatre Heures et de la Casbah s'acharnait contre les grand'gardes du 14e de ligne qui, non
seulement maintinrent leurs positions, mais retournant
à nouveau dans les batteries turques conquises la veille,
en démontèrent toutes les pièces.

Au grand étonnement du commandant en chef, on vit,
dans la matinée, toute l'armée navale se ranger en bataille
et exécuter la démonstration qui ne devait avoir lieu que
sur le signal lancé par la Bouzaréa. « A 2 heures, dit le
rapport de l'amiral Duperré, 10 vaisseaux et frégates,
soit de l'escadre de bataille, soit de l'escadre de débarquement, étaient parvenus à se rallier en se formant sur
le vaisseau amiral qui avait la tête; les autres cherchaient
à prendre leur poste. A 2 heures 15 minutes, l'armée
a laissé arriver en ligne, pour défiler sur toutes les batteries
de mer, en commençant par les trois de la pointe
Pescade. Un peu avant d'arriver par leur travers, j'ai
reconnu qu'elles étaient évacuées par l'ennemi, et, en
même temps, j'ai aperçu un détachement de nos troupes
qui descendait d'un camp voisin et qui en ont pris possession et y ont fait flotter un mouchoir blanc qui a bientôt
été remplacé par un pavillon envoyé dans un canot
de la *Bellone* qui, par sa position, se trouvait en avant
de l'armée. Ce mouvement d'évacuation avait, sans doute,
été provoqué par l'attaque faite, le 1er, par M. le contre-
amiral de Rosamel, et la reconnaissance que j'avais
faite hier en ralliant l'armée. Ces batteries sont au
nombre de trois : une, de 5 canons, était désarmée;
la deuxième, armée de 18 canons, et la troisième, de
10 canons, avaient conservé leurs pièces et leur armement. Une batterie rasante, voisine de celles-ci, était

également évacuée. L'ennemi, dans ce mouvement, avait eu, sans doute, l'intention de réunir tous ses canonniers sur les forts et batteries plus rapprochés de la ville, sur celles de la place et sur celles de la marine.

» A 2 heures 40 minutes, le capitaine de vaisseau Gallois, commandant la *Bellone*, en avant de l'armée, a ouvert sur le fort des Anglais, à petite portée de ses canons de 18, un feu très vif et bien soutenu; l'ennemi y a riposté aussitôt. A 2 heures 50 minutes, le vaisseau amiral, à demi-portée de canon, a commencé le feu, et successivement tous les bâtiments de l'armée, je dirai même jusqu'aux bricks, ont défilé, à demi-portée de canon, sous le feu tonnant de toutes les batteries, depuis celle des Anglais jusqu'à celle du Môle, inclusivement. Les bombardes ont riposté sous voiles aux bombes nombreuses lancées par l'ennemi. Le feu vient de cesser à 5 heures, avec le dernier bâtiment de l'armée. Aucun n'a d'avarie apparente et ne doit avoir fait de perte notable, par suite du feu de l'ennemi, si j'en juge par le vaisseau amiral. Mais, par une fatalité inouïe, le funeste événement arrivé il y a près de deux ans à bord du vaisseau s'est renouvelé : une pièce de 36 a crevé dans la batterie; 10 hommes ont été tués et 14 blessés. Au nombre de ces derniers est M. Bérard, lieutenant de vaisseau, brave et digne officier; jusqu'ici on ne croit pas ses blessures graves.

» Quand j'aurai reçu les rapports particuliers des commandants des vaisseaux, je pourrai citer à Votre Excellence les traits de courage qui ont pu plus particulièrement fixer leur attention; la mienne n'a pu s'arrêter plus sur un bâtiment que sur un autre; cependant à même de suivre tous les mouvements et de juger du feu de chacun, pendant deux heures qu'a duré la canonnade à demi-portée, sous un front de peut-être 300 pièces d'artillerie, je dois également des éloges à tous les commandants, officiers et marins de l'armée.

» Tel est, après le premier mouvement effectué avant-hier par la division de l'amiral de Rosamel, celui opéré aujourd'hui par l'armée navale; il a dû être une diversion puissante et produire un grand effet sur le moral de l'ennemi[1]. »

L'opinion du consul d'Angleterre contredit formellement cette dernière assertion de l'amiral. Il écrit : « Chaque bateau fit feu en passant (tout juste à portée de canon), ce qui prit environ deux heures; et ensuite ils s'en allèrent, n'ayant causé le moindre dommage, ce qui rend cette affaire encore plus ridicule que celle du 1er juillet, l'effectif étant tellement plus important; ils ne placèrent que deux projectiles dans la ville. *Every ship fired as it passed by (hardly within gun shot), which took up about two hours; and they then went off, having done no sort of damage whatsoever, which renders this business still more ridiculous than that of the 1 st July, the forces being so much greater... they only threw two shells into the town[2].* »

Quoi qu'il en soit de la mauvaise humeur anglaise, on ne peut cependant s'empêcher de sourire en lisant

1. Rapport de l'amiral Duperré au ministre de la Marine. Vaisseau la *Provence*, devant Alger, le 3 juillet 1830.

2. Playfair, Saint-John, *op. cit.*

Je ne donne aucune importance aux dépêches et aux récits anglais sur la manœuvre commandée par l'amiral Duperré. C'est ici le cas, pour l'historien, de refuser le *fas est ab hoste doceri*. Lorsque l'amiral ordonne, la dans le rapport Duperré que les batteries de la pointe Pescade avaient été évacuées à la suite du bombardement naval du 1er juillet, et de la reconnaissance qu'il avait faite la veille en ralliant l'armée. L'amiral ignorait l'avance du général Achard et s'attribuait les lauriers du 14e de ligne. Quant aux dommages faits à la ville, ils purent être étudiés à loisir quelques jours plus tard par toute l'armée française. Douze à quinze boulets en tout avaient réellement frappé les forts et la ville, et le général de Valazé, avec son franc parler habituel, déclarait à qui voulait l'entendre qu'il se chargeait de réparer toutes les avaries causées par la marine aux fortifications pour la somme de 7 francs et 50 centimes.

La démonstration navale était-elle bien nécessaire? Exécutée le lendemain, alors que toute la ville et les forts tremblaient sous le tonnerre des canons français et que l'explosion du fort l'Empereur marquait la fin du régime turc à Alger, elle eût au moins complété cette magnifique vision de bataille par un spectacle qui évoquait les plus glorieux fastes des armées de mer. Mais, ordonnée intempestivement et contre la volonté du général en chef, elle ne provoqua, le premier mouvement de frayeur passé, que les rires et les sarcasmes des indigènes et marquait fâcheusement le manque de coordination entre la marine et l'armée. La gloire que s'acquit la marine française pendant cette expédition

marine remplit comme toujours admirablement sa tâche. Ce qui demeure, c'est la résistance de Duperré à Bourmont. Elle est manifeste, fâcheuse, irritante. Pour juger équitablement l'amiral, il faut le placer hors des propos anglais et de ceux de la presse libérale, et ne considérer que le moment et le résultat de sa manœuvre.

était assez belle pour n'avoir pas besoin de ces petites vanités auxquelles se complaisait l amiral. Le témoignage d'un officier étranger, le prince de Schwarzenberg, résume parfaitement la vérité : « Le feu de la flotte ne pouvait avoir pour but qu'une diversion : empêcher les Turcs de porter toute leur attention contre les batteries de terre. C'eût été une faute de vouer la flotte à la destruction sans effet possible en faveur du siège. Lord Exmouth avait réussi, mais contre des batteries moins puissantes, et seulement grâce à la ruse qui lui avait permis de les enfiler en prenant position sous pavillon parlementaire[1]. »

A la tombée du jour, un ordre du commandant en chef avertit l'armée que, tout étant prêt, le bombardement commencerait à l'aube, et qu'une fusée en donnerait le signal. Le général Hurel commandait la tranchée. Une compagnie d'infanterie fut attachée en soutien à chacune des batteries, et deux compagnies d'artillerie, placées au dépôt de tranchées, devaient fournir les hommes de remplacement pour les pertes éventuelles. Le maître artificier passa la nuit dans les batteries de mortiers et d'obusiers, pour s'assurer qu'aucune des précautions nécessaires dans le chargement des projectiles creux

---

1. Schwarzenberg, 162.

L'enseigne de vaisseau Aubry-Bailleul est bien plus sévère dans ses lettres au journaliste Jal : « L'amiral a terni en quelques jours sa vieille réputation. Ses dispositions ont été pitoyables, ou pour mieux dire, il n'y en a pas eu. La ligne de bataille était on ne peut plus mal formée. Pas d'ordre d'attaque; on n'a été averti de faire feu que par les coups de canon de l'amiral qui avait pris la tête de la ligne. » (Bibl. Nat. Mss. fr. nouv. acquis. N° 9444. Lettres publiées en partie par Esquer. *Revue Africaine*, 1918.) Ceci est en contradiction avec le rapport de l'amiral qui dit que la *Bellone* ouvrit le feu dix minutes avant la *Provence*.

n'avait été négligée. Après une minutieuse inspection, le général de La Hitte, venant au rapport du général en chef, se portait fort que rien n'avait été oublié et qu'une fois de plus l'artillerie répondrait à la confiance de l'armée.

Le dernier combat devant Alger se livra cette nuit même. Un parti d'Arabes surgit brusquement en face de la batterie du Dauphin, culbuta les sentinelles et envahit la position. Fantassins et artilleurs coururent aux armes, sabre en main et baïonnette au canon; en quelques instants ils rejetèrent l'ennemi.

C'en était fini avec les combats d'infanterie; la voix était au canon.

CHAPITRE XIII

PRISE D'ALGER

La lutte d'artillerie. — Explosion du fort. — Effets désastreux à Alger. — Le Dey prêt à capituler. — Missions successives de Mustapha et de deux notables. — Le général de Bourmont dicte ses conditions. — Désordres dans Alger. — Toujours l'amiral Duperré.
Entrée solennelle de Bourmont à Alger (5 juillet 1830). — Le trésor de la Casbah est mis sous scellés. — Admirable tenue de l'armée. — Pfeiffer et le général Damrémont. — Le Dey rend visite au général en chef.

Sauf la petite attaque contre la batterie du Dauphin, la nuit fut calme. Roulés dans leurs manteaux, les artilleurs couchaient dans les batteries; ils dormaient ou causaient entre eux à voix basse. Les officiers, rassemblés par petits groupes auprès de leurs pièces, regardaient avec impatience vers l'orient, guettant l'approche du jour. La lune éclairait les collines et la ville et la mer qu'aucune vague ne ridait. A deux heures du matin, on vit le général de La Hitte passer le long des batteries pour recevoir le dernier rapport des commandants.

Peu après, le comte de Bourmont venait sur les positions pour donner personnellement le signal qui allait déchaîner le tonnerre des 28 grosses pièces de siège.

Vers 3 heures, l'aube commence à naître. Sans bruit, les officiers réveillent leurs hommes, les placent à leurs postes de tir. Tout est silencieux. Seul le chant plaintif d'un Arabe, en sentinelle sur les remparts sombres du fort l'Empereur, répand ses tristes modulations jusqu'aux lignes françaises. Lentement le ciel s'illuminait. La silhouette du château apparut de plus en plus distinctement. Penchés sur la ligne de mire de leurs canons, les officiers cherchaient à apercevoir le faîte des murs. De minute en minute, les détails sortaient de l'ombre. Enfin on put distinguer nettement les embrasures des pièces. Bourmont tira alors sa montre; il était 3 heures 45. Se tournant vers un artificier qui se tenait derrière lui, la mèche allumée : « Lancez la fusée! » commanda-t-il. Un crépitement sourd, et, avec un sifflement aigu, un rais de lumière éclatante jaillit droit vers le ciel. Dans toutes les batteries, on passa l'ordre bref : Feu! Et les six batteries tonnèrent. Les hommes s'empressent autour des pièces, dans l'âcre fumée qui enveloppe les positions. Sur le fort, les gros boulets de 16 et de 24 se succédaient en rafales compactes, faisant éclater les pierres et voler en poussière les sacs de laine qui protégeaient les embrasures. Les deux étages des batteries du fort s'éclairent violemment et, dès la seconde bordée, les artilleurs turcs dont le courage devait faire l'admiration des officiers français, ripostent par une décharge générale.

L'artillerie du fort, supérieure à la nôtre, comptait

53 pièces. Elle rendait coup pour coup, et, par sa position vers l'est, avait l'avantage de la lumière. Nos canonniers tiraient avec une vitesse surprenante. La fumée cependant gênait la précision du tir; mais avec le soleil, une légère brise d'est se leva, permettant de voir clairement les objectifs.

Le général de La Hitte rectifia lui-même le tir de la batterie Henri IV, auprès de laquelle il se tenait. Les premières salves des obusiers furent courtes; bientôt corrigées, les bombes tombent au milieu du fort, sur la tour, explosant sur les casemates et sur le sol, dans un formidable jet de poussière. L'artillerie turque tirait trop loin, épargnant la nôtre; elle frappait les bivouacs d'infanterie qui furent rapidement évacués. Les batteries du fort Bab-Azoun et 4 pièces, placées en avant de la Casbah, dans l'ancien fort des Tagarins, ouvrirent en même temps le feu, mais sans résultat.

Les tirs croisés de nos batteries martelaient maintenant les murs avec une précision remarquable; ils faisaient sauter les épaulements en maçonnerie et crouler les parapets derrière lesquels apparaissaient en pleine vue les canons et leurs servants turcs. Atteints de plein fouet par nos projectiles, les canonniers jonchaient de leurs corps les remparts, mais toujours de nouveaux Turcs arrivaient, remplaçant les morts avec un superbe courage.

Vers 7 heures, quelques partis d'Arabes, sortis de Bab-Azoun, tentèrent de gravir les hauteurs qui bordaient notre flanc droit. Le général Bertier, de garde au camp, lança à leur rencontre le 2e de marche et le 35e de ligne, et l'ennemi s'enfuit sans chercher le contact.

Le feu d'artillerie avait continué ininterrompu de part et d'autre depuis 4 heures quand on s'aperçut qu'il se ralentissait du côté de l'ennemi. Il pouvait être 8 heures, lorsque quelques pièces turques, manquant de canonniers, cessèrent complètement le feu. Le général de La Hitte fit alors porter tout l'effort contre celles qui tiraient encore; une demi-heure plus tard, le premier front était presque abandonné, la plupart des canonniers s'étant sauvés dans les parties couvertes. Visiblement la panique les gagnait.

Du haut de la Bouzaréa, on apercevait des fuyards sortir par la poterne du fort et se sauver en courant vers la ville. Les canons de la Casbah se mirent alors à tirer à mitraille sur les fuyards qui refluèrent en désordre vers le fort; mais quelques minutes plus tard, on les vit à nouveau s'élancer par la poterne dans la direction d'Alger, et, cette fois, le Dey, se rendant peut-être compte de l'impossibilité de défendre plus longtemps le château, leur ouvrit les portes de la ville. Notre feu redouble alors d'intensité. Les pièces de campagne situées au-dessus de la batterie Saint-Louis inondent de leurs projectiles l'intérieur du château et ses communications avec la Casbah.

A 10 heures, l'artillerie ennemie était réduite au silence. Le général de La Hitte ordonna de battre en brèche la face sud-ouest du fort. Déjà son mur de briques s'écroulait par endroits, et la brèche n'allait pas tarder à permettre l'assaut de l'infanterie. Baïonnette au canon, les fantassins attendaient impatiemment le moment de se lancer en avant.

Soudain, à 10 heures et quart, un jet de feu fusa du

pied de la tour, suivi immédiatement d'une détonation formidable. Dans les flammes et la fumée, des quartiers de rochers, des affûts de canon, des corps en lambeaux étaient lancés en l'air à une hauteur prodigieuse et retombaient sur la ville d'Alger. Un immense nuage noir couvrit en quelques instants le ciel; le soleil disparut, comme lors d'une éclipse, enveloppant amis et ennemis d'un crépuscule livide. L'armée était haletante devant ce spectacle terrifiant. Deux soldats furent tués, quelques-uns blessés par les pierres du ciel; il fallut toute l'énergie des officiers pour maintenir dans leurs rangs les hommes frappés de stupeur[1].

Ce phénomène ne dura que quelques minutes; sous l'action de la brise, le nuage de cendres et de fumée se dissipait, couvrant la terre d'une poussière noirâtre. Le fort apparut alors aux yeux de l'armée française. Sur la face nord-ouest, le mur s'était écroulé, formant une brèche imposante, et, de la tour du milieu, il ne restait que des murs noircis.

Le maréchal de camp Hurel, commandant la tranchée, fait immédiatement sonner l'assaut aux compagnies de soutien des batteries et s'élance le premier à la tête des carabiniers du 2e bataillon du 2e de marche. Le capitaine Geoffroy, avec les grenadiers du 6e de ligne, se porte au pas de course vers la poterne qu'il trouve ouverte et entre dans le fort où flottait encore un drapeau turc. Les grenadiers du 17e, conduits par le capitaine Gautier, escaladent la brèche avec les carabiniers

---

1. Les pertes de l'artillerie le jour du bombardement furent de 2 tués et 4 blessés. (Rozet, I, 251.)

du 2ᵉ de marche. Le grenadier Dumont, du 17ᵉ d'infanterie, avisant le tronc calciné d'un palmier qui, la veille encore, servait d'amer pour la flotte, aidé de ses camarades, grimpe au sommet et y noue sa chemise en guise de drapeau blanc. Henri IV n'eût pas désavoué ce panache.

A cette vue, une immense clameur remplit le fort et, se répercutant jusque sur les hauteurs de la Bouzaréa, roule sur la ville et la rade : la première armée d'Afrique criait : « Vive le Roi! »

L'explosion du fort l'Empereur n'était point due à une bombe française. Les Turcs eux-mêmes avaient fait sauter la citadelle. Lorsque le feu français, démoralisant les défenseurs, eut produit la panique observée des hauteurs, le Khaznadji, impuissant à retenir ses hommes, se décida à faire sauter le fort en y ensevelissant l'armée assaillante. Resté seul avec un esclave nègre, il lui enjoignit de mettre le feu aux poudres au moment où l'attaque française viendrait couronner la brèche. Puis il sortit du fort où, sauf l'esclave, il ne laissait que des morts et des mourants. Sous les rafales d'obus, le nègre avait escaladé d'abord les remparts pour sauver deux drapeaux qui flottaient encore, oubliant cependant celui que le capitaine Geoffroy devait conquérir quelques minutes plus tard. Puis, croyant sans doute à l'attaque imminente, il mit le feu aux munitions qui se trouvaient dans un magasin au nord de la tour. Sur l'ordre du Khaznadji, on avait fait une traînée de poudre depuis le donjon jusqu'à la poterne; il suffisait dès lors d'en enflammer l'extrémité au moyen d'un coup de pistolet tiré à blanc. L'explosion qui, heureusement, n'occasionna dans nos rangs que peu de pertes, fit de nombreuses victimes parmi les habitants d'Alger. Sous le déluge de pierres et de ferraille, les Arabes remplirent la ville de leurs cris d'épouvante. Les blessés, dans les hôpitaux et les rues, cherchaient à s'enfuir en se traînant, misérables loques hurlantes, tandis que les femmes et les enfants couraient sur les terrasses en poussant des clameurs de détresse. Les hommes se précipitèrent vers la Casbah pour adjurer le Dey d'entrer en négociations immédiates avec les Français. Hussein ne faiblit pas. Voyant tout perdu, il s'était lancé, pistolet au poing, vers la poudrière, décidé à s'ensevelir sous les décombres. Arrêté à temps par ses serviteurs, il répondit fièrement à ses ministres : « Aussi longtemps que mon palais sera debout, je ne traiterai point; j'aime mieux faire sauter toute la ville que de me soumettre. »

Cependant les milices turques tenaient encore et pointaient les pièces de la Casbah et de Bab-Azoun contre le château de l'Empereur. Les généraux de La Hitte et Valazé qui avaient immédiatement suivi le général Hurel avec des compagnies de sapeurs et de canonniers, firent fermer la poterne du côté de la ville. Trois canons du château, relevés rapidement par le capitaine de La Redorte, ouvrirent quelques minutes plus tard le feu contre Bab-Azoun tandis que le génie rendait la brèche abordable. Enfin deux pièces de campagne amenées sous les murs tirèrent également contre Bab-Azoun dont le feu cessa immédiatement.

Le général Hurel, croyant ce dernier ouvrage abandonné, voulut s'en emparer incontinent pour barrer la porte d'Alger. Une compagnie de grenadiers du 35e pénétra sans difficulté dans une batterie qu'elle trouva évacuée; mais du fort même, une violente fusillade l'accueillit, l'obligeant à battre en retraite après avoir perdu 2 hommes.

Simultanément, des cavaliers arabes accouraient sur ses flancs et la fusillaient de loin. Tout portait à croire que l'ennemi allait faire une sortie désespérée. La 2e division bordait le château de l'Empereur, et 10 pièces de 16 amenées en toute hâte furent mises en batterie sous l'angle est du fort.

Mais au lieu de l'attaque attendue, on vit, vers deux heures, des parlementaires s'avancer vers nos lignes. Ils demandèrent à être conduits auprès du commandant en chef. Leur porte-parole était Sidi Mustapha, premier secrétaire du Dey. L'assemblée des notables de la ville avait été appelée à la Casbah, réunion de malheureux vieillards épouvantés qui tremblaient de frayeur devant le Dey encore plus que devant les Français. Ils firent connaître au souverain que sa volonté serait la leur et qu'ils se conformeraient en tout à ses désirs. Hussein comprit que la partie était perdue. Son dernier espoir résidait dans la diplomatie où tout Oriental excelle. Il choisit pour cela le plus habile et le plus fidèle de ses serviteurs.

Conduit devant le général en chef, Mustapha se prosterna à terre, et commença sa harangue orientale : « O invincible tête des armées du plus grand sultan de notre siècle.... — Au fait! au fait! » dit Bourmont à l'interprète; que veut-il? » Alors, après beaucoup de circon locutions, l'interprète communiqua au général que le Dey était disposé à payer tous les frais de la campagne à condition que les troupes françaises n'entreraient pas dans Alger. Cette proposition enfantine fit sourire le général qui répondit « qu'il tenait entre ses mains le sort de la ville et de la Casbah, et que si Hussein ne lui en remettait pas sur-le-champ les clefs et ne se rendait à merci, il connaîtrait le sort que les vainqueurs infligent aux villes prises d'assaut ». Mustapha parut foudroyé par cette réponse. Jamais, depuis Duquesne, on n'avait entendu un pareil langage de la part des Français. Il doutait fort que le Dey acceptât ces conditions et avoua que l'obstination funeste de son maître était la cause de ses malheurs. « Lorsque les Algériens, ajouta-t-il, sont en guerre avec le Roi de France, ils ne doivent pas faire la prière du soir avant d'avoir conclu la paix. » Pour le Dey, cette sage parole venait trop tard.

Pendant que Mustapha prenait congé, les batteries algériennes recommencèrent leur tir, et un boulet passa en sifflant au-dessus de la tête du parlementaire. Épouvanté, celui-ci se laissa tomber à terre. Alors le général de La Hitte, le relevant brusquement, le remit sur ses pieds et lui dit avec un joyeux éclat de rire : « Parbleu, monsieur, de quoi vous occupez-vous ? cela ne vous regarde pas ; ce n'est pas sur vous que l'on tire. » Accablé, Mustapha retourna vers la ville porter au Dey l'ultimatum français ; il promettait d'être de retour dans deux heures avec la réponse de son souverain.

Bourmont avait réuni auprès de lui les lieutenants généraux Desprez, Berthezène, Loverdo et des Cars, les maréchaux de camp Valazé, La Hitte, Tholozé et l'intendant en chef baron Denniée. De nombreux officiers d'état-major les entouraient, assis à l'ombre de quelques arbres, en dehors du château, le long de la voie romaine. Par moments, on entendait encore le canon de la Casbah. Sidi Mustapha venait à peine de disparaître, lorsque deux indigènes, richement habillés, se présentèrent aux avant-postes. C'étaient deux notables de la ville, Sidi Abou Derba, riche négociant, qui avait été plusieurs fois en Europe et Hadj Hassan, fils de Sidi Hamdan ben Othman Khodja[1]. Parlant parfaitement le français, ils s'adressèrent au commandant en chef comme envoyés par la ville d'Alger et le Divan extra-ordinaire des janissaires, véritable « soviet » dont les agisse-ments allaient, sous une forme orientale, jouer l'éter-nelle comédie des peuples vaincus. Le Divan, croyant que les Français n'en voulaient qu'au Dey, était prêt à sacrifier le souverain, seul responsable, disaient-ils, des torts causés à la France : « Que ta bouche, ô général redoutable et illustre, laisse tomber une seule parole, et nous allons t'envoyer sa tête en réparation de ses méfaits. — Assez! assez! s'écria le général en chef, dont l'indignation ne pouvait plus se contenir. Allez porter mes ordres à vos frères ignorants et féroces. Dites-leur que j'entends que ce Divan extraordinaire de la milice algérienne cesse à l'instant même ses délibérations. Jusqu'à ce que je commande dans la Casbah, Hussein est leur souverain, et ils lui doivent soumission et obéis-sance. Ma volonté est de ne traiter qu'avec lui seul. Les

1. C'est l'auteur de l'*Aperçu sur la Régence d'Alger*, ouvrage extrêmement anti-français et qui a donné lieu à une réfutation officielle, publiée dans l'*Observateur des Tribunaux*, 1re livraison du tome IV, 1834.

membres de ce Divan me répondront sur leur tête de la moindre attaque dirigée contre la Casbah, la ville ou la personne du Dey. Qu'ils sachent que l'armée française n'est pas venue ici pour faire assassiner un homme, mais pour vaincre glorieusement un ennemi[1]. »

Tremblant, les deux Maures supplient le général de songer à la terreur qui règne en ville; la révolution a éclaté; ils ne peuvent répondre de rien. Mais le général de Bourmont, les congédiant sans façon : « Allez, leur dit-il, vous connaissez maintenant ma volonté; je n'ai rien à ajouter. »

Bourmont s'était montré grand chef. Entrer en pourparlers avec ces Orientaux retors et capables de toutes les traîtrises, aurait pu entraîner l'armée dans un véritable guet-apens; son sens inné du commandement n'admettait aucune tergiversation. Les deux émissaires qui, si allégrement, venaient trahir leur souverain, en attendant de trahir les Français, au nom du droit des janissaires de disposer du peuple d'Alger, rentrèrent penauds en ville, où, dès leur arrivée, le feu d'artillerie cessa. Il était 4 heures, lorsque, ponctuellement, le secrétaire du Dey, accompagné par le consul d'Angleterre Saint-John, revint au quartier général. Une dernière fois, l'agent de Sa Majesté Britannique essayait de sauver Hussein, en proposant sa médiation. Il se présentait, disait-il, non point comme consul, mais uniquement par esprit d'humanité, pour éviter toute nouvelle effusion de sang. Le Dey était capable de faire sauter la Casbah. Quant aux janissaires et au peuple,

---

1. Galibert. *L'Algérie ancienne et moderne*, 1854, p. 308 et suiv.

on leur avait fait croire que le général de Bourmont voulait mettre la ville à sac; les pires méfaits étaient à craindre. Après le consul anglais, Sidi Mustapha implorait la clémence du vainqueur. Mais, impassible, sans lui accorder une réponse, le comte de Bourmont pria le général Desprez d'écrire sous sa dictée les conditions de la capitulation.

Ce n'est pas sans fierté que nous pouvons nous souvenir de cette minute magnifique. Bourmont était debout, son chef d'état-major assis devant une table improvisée; autour de lui, ses trois divisionnaires, les maréchaux de camp, les officiers d'état-major. Tous hâlés, brûlés, couverts de poussière, ils écoutaient dans un silence religieux la voix de leur chef. Sans doute, ne pouvaient-ils pas encore prévoir, en cette heure émouvante, l'immensité de l'œuvre qu'ils avaient accomplie. Quelques-uns parmi eux, vieux soldats de l'Empire, se rappelaient les entrées de l'aigle à Vienne, à Berlin, à Madrid, à Rome. Qu'est-ce qu'Alger à côté de ces capitales du monde? Et pourtant! De toute l'épopée impériale il ne restait que la gloire, alors que Bourmont, avec trois divisions, venait de conquérir une nouvelle France d'outre-mer.

La voix du général en chef s'élevait nette et lente :

« 1° Le fort de la Casbah, tous les autres forts qui dépendent d'Alger et les portes de la ville seront remis aux troupes françaises le 5 juillet, à 10 heures du matin (heure française);

» 2° Le général en chef de l'armée française s'engage envers le Dey d'Alger à lui laisser sa liberté et la possession de toutes ses richesses personnelles;

» 3° Le Dey sera libre de se retirer avec sa famille et ses richesses dans le lieu qu'il aura fixé. Tant qu'il restera à Alger, il sera, lui et sa famille, sous la protection du général en chef de l'armée française;

» 4° Le général en chef assure à tous les soldats de la milice les mêmes avantages et la même protection;

» 5° L'exercice de la religion mahométane restera libre; la liberté des habitants de toutes les classes, leur religion, leurs propriétés, leur commerce, leur industrie, ne recevront aucune atteinte. Leurs femmes seront respectées. Le général en chef en prend l'engagement sur l'honneur;

» 6° L'échange de cette convention sera fait le 5 juillet avant 10 heures du matin. Les troupes françaises entreront aussitôt après dans la Casbah et dans tous les forts de la ville et de la marine. »

Ce texte, très énergique et très sage, terminait en apothéose la campagne d'Alger. L'ayant signé, le comte de Bourmont le fit recopier par le baron Denniée. Il allait le remettre à Sidi Mustapha quand une hésitation subite arrêta son geste. Depuis l'arrivée des deux Maures, il savait les Algériens capables de tout. Quelle confiance pouvait-il avoir en Sidi Mustapha? Il était indispensable que le document parvînt au Dey et fût signé par lui. « Monsieur Bracevitz! » appela-t-il. Bracevitz était le doyen des interprètes, un vieux bonhomme, d'origine israélite et levantine, au service de la France depuis la campagne d'Égypte où il avait été interprète de Kléber. « Vous irez à Alger en parlementaire; vous porterez ce texte au Dey, vous le lui traduirez, et vous me rapporterez sa réponse. » Bracevitz tremblait de peur, mais devant le ton sec du général, il n'y avait qu'à s'incliner. Il recommanda sa famille et les siens au comte de Bourmont et partit seul à cheval avec un guide. Il ne devait retrouver son aplomb qu'une fois sa mission accomplie, pour en référer en ces termes au prince de Polignac : « Étant dans un âge avancé, je désirais vivement terminer ma carrière d'une manière honorable, et donner une marque éclatante de mon dévouement au meilleur des rois; la fortune m'a souri et elle m'a procuré ce bonheur. Je suis monté à cheval à 6 heures du soir, accompagné d'un seul Turc, et, avec ce modeste cortège, je suis entré à Alger et me suis présenté au Dey que j'ai trouvé entouré de plusieurs centaines de ses miliciens. Le moment était critique. Ce n'était pas du Dey, c'était plutôt des janissaires, qui ne raisonnent pas et sont toujours prêts à se révolter, que j'avais une juste appréhension. Pendant que je lisais à haute voix les conditions fatales qu'on leur imposait, le Dey restait impassible; mais les miliciens ne cessaient de me lancer des regards effrayants. J'avoue, monseigneur, qu'il y a des moments où je voyais rouler ma tête avec celle du Dey lui-même. Heureusement la Providence en avait autrement ordonné. Après la lecture et l'explication des articles, le Dey fit retirer tout le monde. Je suis resté en conférence près de trois quarts d'heure avec lui, et, à la nuit tombante, j'ai rejoint seul les avant-postes français qui étaient bien charmés de me revoir[1]. »

Bracevitz était rentré triomphant au quartier général. Le Dey, il est vrai, demandait encore un nouveau délai

---

1. Nettement, p. 467.

de 24 heures, mais Sidi Mustapha annonçait qu'il viendrait au lever du jour. Cependant l'essentiel était obtenu, du moins pour le tremblant Bracevitz sorti sain et sauf de cette terrible aventure. Seulement l'émotion et la frayeur avaient été trop fortes. Le pauvre bonhomme en tomba malade et mourut quinze jours plus tard.

Bourmont ne se laissait pas endormir par les promesses des Algériens et ordonna de prendre toutes les dispositions pour recommencer l'attaque le lendemain. Le général de Valazé amenait ses sapeurs sur la position des Tagarins, à 400 mètres de la Casbah; les canons du fort l'Empereur remis en état et toute l'artillerie de siège et de campagne approvisionnée à nouveau se tenaient prêts à ouvrir le feu; l'infanterie, rapprochée des remparts de la ville dans des replis de terrain, était cachée aux yeux des canonniers turcs dont les pièces garnissaient toujours les embrasures.

Cependant, de la porte Bab-Azoun, un flot ininterrompu de fuyards se sauvait dans la direction de Constantine. C'étaient les derniers Kabyles et Bédouins qui abandonnaient les Turcs. En ville, régnait un désordre indescriptible; personne ne commandait plus; les esclaves sortaient librement des maisons et parcouraient les rues; les fonctionnaires se terraient et toute la population, partagée entre la crainte des Français et la joie d'être délivrée des terribles janissaires, discutait bruyamment sur les places. L'Allemand Simon Pfeiffer voyait son hôpital déserté par les infirmiers et les gardiens. Les barbiers juifs et maures, que seule la menace du bâton avait retenus, décampaient en narguant leur chef qui, resté tout seul au milieu des centaines de blessés qu'on avait apportés du fort l'Empereur, assistait impuissant et désolé à l'agonie de ces malheureux.

Le bruit de la victoire s'était répandu jusque dans les prisons où les lieutenants de vaisseau Bruat et d'Assigny, ainsi que l'aspirant Bonard, enchaînés avec leurs marins dans les casemates du bagne, avaient entendu le roulement des canons français et l'explosion du fort l'Empereur. D'une minute à l'autre, ils s'attendaient à la mort, persuadés que l'entrée des Français donnerait le signal du massacre des captifs. Quel ne fut pas leur étonnement et leur joie en voyant arriver un médecin du Dey qui pansa leurs blessures et les délivra de leurs chaînes. Le lendemain matin, un agent du consulat anglais vint les prendre et les placer sous la protection du drapeau britannique.

En haut, dans la Casbah, la révolte des janissaires allait en s'apaisant. Imitant en cela l'attitude de leur souverain, les Turcs acceptaient maintenant la défaite et se pliaient devant la fatalité. En vain, le grand Mufti et les Ulemas avaient convoqué un dernier Divan. Un petit parti seulement s'était rangé autour d'eux pour exiger une ultime sortie; la majorité des miliciens ne les suivait plus.

Dans la soirée, le commandant en chef reçut une lettre de l'amiral Duperré. Après l'explosion du fort l'Empereur, l'armée navale avait vainement tenté de renouveler son attaque contre les batteries du front de mer. Une faible brise d'est-nord-est et la houle qui portait vers la côte rendaient toute manœuvre impossible. Alors que le feu cessait sur terre, on avait vu un canot parlementaire quitter le port et se diriger vers le brick anglais *Pilorus* qui, depuis le commencement des hostilités, se tenait en observation dans la baie. Aussitôt, le capitaine de vaisseau Massieu de Clerval avait envoyé un canot de la *Sirène* pour lui couper la route et lui intimer l'ordre de se rendre à bord de la *Provence*. Conduit auprès de Duperré, le parlementaire se présenta comme amiral de la flotte algérienne, dépêché par le Dey pour ouvrir des négociations. « Je vous le renvoie, écrivait l'amiral au comte de Bourmont, ne pouvant suspendre les hostilités que lorsque j'aurai connaissance de vos intentions. Je suis en position de recommencer les hostilités. » En réalité, Duperré avait répondu au Dey en ces termes : « L'amiral soussigné, commandant en chef l'armée navale de Sa Majesté Très Chrétienne, en réponse aux communications qui lui sont faites au nom du Dey d'Alger, et qui n'ont que trop longtemps suspendu le cours des hostilités, déclare que tant que le pavillon de la Régence flottera sur les forts et sur la ville, il ne peut recevoir aucune communication, et se considère toujours comme en état de guerre. » Cette note, datée du 5 juillet, fut-elle remise dès la veille ? En tous cas, elle ne devait tromper personne sur l'efficacité des moyens que l'amiral employait pour réduire Alger. Seuls, comme le raconte un officier de l'état-major général[1], les Parisiens, émus par les bulletins de l'amiral, pouvaient croire que ce dernier était le vainqueur de la campagne et que l'armée de terre n'avait assisté qu'en spectatrice bénévole au triomphe du baron Duperré. Le soir de la prise du fort, le courrier avait apporté de

---

1. *Coup d'œil sur Alger*, Paris, Dentu, 1831. Sans nom d'auteur.

Paris un des bulletins de l'amiral tellement élogieux pour lui-même qu'il valut à son auteur cette remarque sarcastique d'un des généraux : « Vous verrez qu'il va écrire que la *Provence* a jeté l'ancre dans les fossés du château de l'Empereur. » Et l'auteur anonyme du mémoire conclut philosophiquement : « Ce serait un tort de reprocher à un chef de faire valoir son arme et ses subordonnés. Cela hausse son piédestal. Furetière[1] a traduit bien des pensées, bien des habitudes, quand il professait qu'il faut toujours dire du bien de soi, parce que cela se répète, et qu'on ne dit pas de qui on le tient. »

Le baron Duperré donna le même jour une nouvelle preuve de son penchant à suivre cette maxime. Dans son rapport au ministre de la Marine, daté du 6 juillet, il se vantait d'avoir sauvé les officiers de marine captifs : « Mon premier soin a été de réclamer nos malheureux prisonniers du *Silène* et de l'*Aventure*. Ils viennent de m'être rendus, et je les expédie pour France. » Phrase sibylline qui laissait supposer qu'il les avait sauvés. Or, l'amiral Bonard raconte dans ses souvenirs que, tiré du bagne avec les lieutenants de vaisseau Bruat et d'Assigny par un agent britannique, ils s'étaient rendus au consulat d'Angleterre; après s'être restaurés, ils se mirent à parcourir toute la ville, à la grande joie des Algériens qui leur demandaient des certificats de bonne conduite. C'est exactement après l'entrée des Français, et par crainte que leur aspect misérable et le récit des cruautés subies n'exaspérât les soldats, que l'ordre leur fut donné de se rendre à bord de l'armée navale. Ils y

---

1. Abbé de Chalivoy, membre de l'Académie française (1619-1688).

arrivèrent presque nus, apportant en souvenir leurs chaînes et des pavillons algériens.

L'armée française était en joie. Seuls les généraux de La Hitte et Valazé, encore à l'œuvre, préparaient fiévreusement de nouvelles batteries, pour le cas peu probable où les janissaires auraient voulu recommencer la lutte. Les fantassins riaient et chantaient au bivouac. Dans leurs mess improvisés, les officiers fêtaient allégrement le succès de la journée. L'admiration pour le commandant en chef était unanime. Maintenant que les résultats étaient acquis, on pouvait apprécier la prudence qui toujours avait dicté sa marche, et l'habileté avec laquelle il avait mené le siège. Plus heureux que Charles-Quint, les Français allaient entrer le lendemain dans Alger.

Quant aux jeunes officiers, les lettres enthousiastes qu'ils écrivaient cette même nuit à leurs belles rééditaient, à la française, six siècles plus tard, le joli propos du bon sire de Joinville : « Nous parlerons encore de cette journée es chambres des dames. »

Le 5 juillet 1830, à midi, le lieutenant général comte de Bourmont, commandant en chef l'armée expéditionnaire, entra à Alger, à la tête du 6e régiment d'infanterie.

Le délai que le Dey avait imploré la veille fut l'objet d'une nouvelle mission de Sidi Mustapha qui se présenta à 6 heures du matin, toujours accompagné du consul anglais. Hussein demandait que l'interprète retournât auprès de lui, pour lui expliquer certains passages du texte de la capitulation. Bourmont y consentit, sous la réserve formelle qu'aucun mot ne fût changé dans le texte. Bracevitz était autorisé à accepter un retard de deux heures pour l'entrée des troupes, mais devait exiger la libération immédiate des captifs français et, en particulier, des marins du *Silène* et de l'*Aventure*. Charles X avait donné les ordres les plus positifs à ce sujet : « Le Roi désire, monsieur le comte, avait écrit le prince de Polignac, le 16 juin 1830, que vous employiez tous les moyens possibles, soit pour faire rendre la liberté aux officiers et soldats qui sont actuellement détenus au bagne d'Alger, et dont la position deviendra si critique au moment de l'attaque de la ville, soit pour adoucir au moins leur position. En conséquence, Sa Majesté vous autorise à faire proposer au Dey un échange de prisonniers, lorsque les chances de la guerre en auront fait tomber en notre pouvoir, ou une somme d'argent, quelque forte qu'elle soit, pour leur rachat, ou toute autre compensation qui pourrait être agréée par lui. »

Le Dey accepta tout, apposa son sceau, et, dès 9 heures du matin, les troupes se mirent en mouvement. Par suite d'erreur dans la transmission des ordres, il y eut une certaine confusion qui retarda la marche. Les commandants de l'artillerie et du génie avaient demandé au général en chef la faveur de faire précéder l'infanterie par des détachements de leurs armes. Mais, par suite d'un retard, le général de La Hitte pénétra seul dans la ville avec deux compagnies d'artillerie et une batterie de campagne. Dans les rues, peu de spectateurs encore;

ce ne fut que plus tard, lorsque Bourmont, entouré des drapeaux, parvint devant la Casbah, que les premiers indigènes se montrèrent, attirés par le bruit des musiques militaires.

Le général de La Hitte arrivait à la Casbah en même temps que le lieutenant-colonel de Bartillat[1], commandant le quartier général, chargé de faire le logement. Le Dey se tenait encore dans son palais, prêt à se retirer dans une maison qu'il possédait en ville. Autour de lui tout était désordre et abandon. Des Juifs et des Arabes se faufilaient parmi les domestiques et les esclaves nègres, et faisaient main basse sur tout ce qu'ils rencontraient. A la vue des Français ce fut un sauve-qui-peut général. Les soldats, amusés par le spectacle de tous ces objets extraordinaires à leurs yeux, se mirent à leur tour à faire choix de souvenirs. Il y avait là des pantoufles de femmes, des coussins brodés, des bijoux orientaux sans aucune valeur dont ils se divertissaient. C'est exactement à ce petit maraudage de quelques hommes que se limita ce que l'opposition se plut à appeler le pillage de la Casbah[2].

Vers midi, le fracas des tambours annonça l'arrivée du commandant en chef. Pour la première fois, la sonnerie

---

1. Auteur d'une *Relation de la campagne d'Afrique en* 1830, Paris. La 2e édition que nous avons seule pu avoir entre les mains est de 1832.

2. Sidi Hamdan, dont l'ouvrage est un tissu de mensonges contre les Français, s'est fait l'écho de certains racontars. L'*Observateur des Tribunaux* (t. IV, 1re livraison, 1834) répond ainsi à une accusation de vol : « Le général Hurel a payé 36 napoléons pour deux fusils que nous avons vus chez lui; il a été généreux, car ces armes, à canons longs, non tordus, avec des platines grossières à l'espagnole, garnies en corail et en verroterie rouge, seraient confectionnées à Saint-Étienne à un prix moindre et avec bien plus de soin. »

« aux champs » retentit dans Alger, et le drapeau fleurdelysé apparut en haut du mât qui couronnait la Casbah. Bourmont s'installa immédiatement dans les appartements du Dey, et toutes les mesures, prises d'avance avec une sage prévoyance, permirent de rétablir l'ordre en quelques heures[1].

Il n'est pas inutile de rappeler comment le baron Denniée, dont la formation avait été faite à l'école de Napoléon, voyait et jugeait la prise de possession :

« Imbu des principes que, pendant 15 ans, j'ai puisés à l'école de l'Empereur, ayant cent fois transcrit et souvent exécuté des instructions qu'il dictait pour régulariser la prise de possession de tant de villes, je comprenais qu'il fallait faire, si l'on peut parler ainsi, le roman de l'occupation, déterminer le but que l'on voulait atteindre, et tracer les devoirs de chacun. Cette méthode, comme l'a confirmée une dernière et rude expérience, loin de faire naître la confusion, est la seule et l'unique bonne.

» C'est dans ce dessein que je provoquai et que j'obtins la formation de commissions spéciales pour la reconnaissance de tous les objets que renfermaient la ville et la Casbah (commissions composées d'administrateurs, officiers généraux et autres de l'armée), que je soumis au général en chef un projet de formation d'une commission de gouvernement. Cette commission, comme j'en ai compris la mission, avait à remplir une tâche immense, mais pleine d'intérêt : étudier l'état et les besoins du pays, et entrer dans un examen complet de toutes les questions d'administration.

---

1. Voir le plan de la Casbah et des logements des officiers dans Merle. (*Anecdotes historiques.*)

» Par arrêté du 5 juillet, le comte de Bourmont la constituait ainsi :

» Le baron Denniée, intendant en chef, président ;

» Le maréchal de camp de Tholozé, gouverneur d'Alger;

» Firino, payeur général;

» Deval, consul de France;

» D'Aubignosc, lieutenant général de police de la ville d'Alger;

» Edmond de Bussière, ancien secrétaire d'ambassade, secrétaire général[1]. »

C'est à cette commission qu'allait être dévolue la tâche de prendre possession du trésor de la Casbah.

Au milieu de la débandade qui régnait dans l'entourage du Dey, un seul homme était resté impassible. Assis sous la galerie, dans la cour principale du château, les clefs du trésor en main, le Khaznadji, ministre des Finances, attendait les Français. Après sa belle défense du fort l'Empereur, c'est encore lui que nous allions retrouver à la Casbah, dernier défenseur de la Régence. Il avait assisté, impuissant, au pillage qui précéda l'arrivée de l'armée; mais tels étaient le respect et la frayeur qu'il inspirait, qu'une bande de Juifs, chargés de ballots volés, l'apercevant subitement les sourcils froncés, lâchèrent avec des cris aigus le produit de leur vol, et s'enfuirent à toutes jambes.

Dès l'entrée du général en chef, un bataillon d'infanterie fut placé dans la Casbah pour maintenir l'ordre. Le Khaznadji ne bougeait pas plus qu'une statue. Le trésorier payeur général Firino le découvrit, grâce à un

1. Denniée, *op. cit.*

interprète, et, avec l'intendant Denniée et le général de Tholozé, nommé gouverneur de la place, ils le prièrent de leur donner tous les renseignements sur le trésor. De ses réponses, consignées dans un procès-verbal, il résultait que celui-ci était intact, mais que le ministre des Finances lui-même ignorait le montant des sommes qu'il contenait; jamais on n'avait tenu de comptabilité; on se bornait à déposer dans les caveaux, pêle-mêle, objets de valeur et monnaies.

« Allons voir les caveaux », dit le baron Denniée. L'ancien ministre, son trousseau de clefs à la main, les mena à l'extrémité de la galerie, et ouvrit la porte d'une salle basse[1]. Cette salle était divisée en deux comparti-ments, et contenait des douros algériens ou doubles boudjouks, dont la valeur était alors de 3 francs 60. La commission apposa les scellés à cette porte, puis le Khaznadji conduisit les officiers sous une voûte située également sous la galerie. Dans cette salle, sorte de corridor long d'environ 7 mètres sur 2 mètres de large, se trouvaient trois coffres formant banquettes. Ils contenaient des boudjouks, de la monnaie de billon, et des lingots d'argent. Trois caveaux communiquaient avec cette chambre; dans celui du milieu étaient jetées pêle-mêle des monnaies d'or, depuis le Roboa Soltani valant 3 francs 80, jusqu'aux quadruples du Mexique en or, d'une valeur de 168 francs. Les deux autres ren-fermaient, l'un des mokos ou piastres du Portugal, le second des piastres fortes.

La commission, après s'être assurée qu'il n'y avait pas

---

1. Tous les détails sont de Denniée.

d'autre issue, referma soigneusement les portes, y apposa de triples scellés, et fit placer un poste permanent de gendarmerie.

Dans les jours qui suivirent, avec l'aide d'officiers de l'Intendance, elle fit le tri des pièces et procéda ensuite à leur pesage. Les résultats officiels furent :

7 212 kgs. d'or à 3 434 frs. le kg	24 766 000 fr.
108 704 kgs. d'argent à 220 frs. le kg	23 915 000 fr.
Total général	48 681 000 fr

En plus, la ville d'Alger fournit encore :

Valeur des laines et denrées diverses	3 000 000 fr.
Valeur des pièces d'artillerie en bronze	4 000 000 fr.
	7 000 000 fr.

Dépenses de tout genre pour l'expédition, tant pour la guerre que pour la marine.	48 500 000 fr.
Valeurs prises à Alger.	55 681 000 fr.
Excédent des recettes	7 181 000 fr.

Tous les officiers qui assistèrent à la prise d'Alger furent unanimes à déclarer que jamais on n'avait entouré les intérêts de l'État d'un tel luxe de précautions. Denniée, qui avait été témoin, du temps de Napoléon, à plus d'une prise de ville espagnole, et connaissait mieux que personne ce qui s'était passé alors, insiste avec vigueur pour réfuter les bruits malveillants que l'opposition se hâta de répandre contre l'armée française. « Je le dirai, parce que ma voix a l'autorité d'une longue expérience;

jamais, dans aucune de nos campagnes, une ville n'a été occupée avec autant de ménagements. Pas un seul officier, pas un soldat n'a franchi le seuil d'un Maure, d'un Turc ou d'un Juif, et la ville d'Alger n'a pas même subi la charge d'un logement militaire. Enfin un ordre du jour du chef d'état-major général ayant invité chacun à remettre au Trésor les objets d'or ou d'argent qui auraient pu se trouver dans les quartiers occupés, quelques versements eurent lieu, et plusieurs personnes apportèrent des vases et des ustensiles précieux qui ont été envoyés en France, et dont la nomenclature se trouve dans l'inventaire du trésor de la Régence. »

Cependant, malgré toutes ces mesures de prudence, l'opposition qui, sous prétexte de défendre la Charte, se livrait en France aux attaques les plus odieuses contre l'armée, allait bientôt s'emparer avec joie d'un nouveau sujet de scandale : le pillage des trésors de la Casbah par l'armée française. Mais la violence même de ces attaques amena la confusion des pamphlétaires. Le 21 octobre 1830, le *Moniteur* fut forcé de publier la conclusion de la commission d'enquête, nommée par le gouvernement de Juillet, et composée de MM. Delort, Fougeroux, Cadet de Vaux, Pilaud de Bit et Flandin, peu suspects de sympathie pour Charles X et le comte de Bourmont : « La prise d'Alger et de son trésor a été pendant longtemps le sujet de rapports les plus propres à flétrir la réputation d'hommes honorables employés à l'armée d'Afrique. Le gouvernement ne pouvait rester indifférent à ces clameurs. Une commission d'enquête a été nommée. Cette commission a procédé avec un ordre, une exactitude et une impartialité remarquables.

Elle s'est livrée aux opérations les plus minutieuses pour connaître la vérité. Et cependant elle a déclaré que, dans sa conviction profonde, il n'y a eu aucun détournement de fonds, aucune dilapidation du trésor de la Régence, et la commission proclame hautement que tous les bruits de soustraction et d'infidélité qui ont circulé dans le public sont autant de fables dénuées de fondement, et, dans le sentiment profond de son devoir, elle se fait un devoir de les démentir, de tout le poids de l'autorité de sa mission. »

Ainsi leurs ennemis eux-mêmes étaient obligés de proclamer la gloire très pure des conquérants d'Alger. Il ne pouvait en être autrement. Non seulement les généraux, officiers et soldats, avaient été d'un désintéressement et d'une honnêteté qui pouvaient servir de modèle à bien d'autres campagnes, mais encore, connaissant la mauvaise foi de ses ennemis, le général de Bourmont avait pris les précautions les plus minutieuses pour qu'aucun acte de son administration ne pût prêter à une critique malveillante. L'or et l'argent furent envoyés, avec toutes les garanties légales, en France, à bord des vaisseaux de guerre *Marengo*, *Duquesne*, *Scipion*, *Vénus* et *Nestor*.

A côté des témoignages français, il suffira de rappeler ceux de deux étrangers, particulièrement bien placés pour contrôler tout ce qui se passait à Alger, et dont les sympathies peu françaises n'auraient pas manqué de faire connaître des abus qui auraient été commis. Le médecin allemand Simon Pfeiffer écrit : « Je dois déclarer, à la gloire de l'armée française, que cette armée victorieuse, en prenant possession d'Alger, se conduisit plus noblement que ne l'eussent fait les troupes de n'importe quel peuple. »

Le jour de l'entrée des Français, Pfeiffer se trouvait devant la porte de son hôpital. Il était seul avec ses 1 000 blessés, incapable même de les nourrir. De loin, il entendit les musiques militaires et attendait impatiemment qu'un secours lui vînt, quand il vit déboucher un général français à cheval, à la tête d'un brillant état-major. S'avançant résolument, il lui adressa la parole en allemand, pour lui dire qu'il était le seul médecin de cet hôpital, sujet allemand et captif depuis cinq ans. « N... d... D..., dit le général, j'ai bien du respect pour vous », et il le félicita, en allemand, de ce qu'il avait fait pour les blessés, lui promettant d'envoyer au plus tôt des médecins militaires français. Le même jour, ceux-ci vinrent prendre la direction de l'hôpital et soigner les malheureux avec une science et une humanité dont Pfeiffer ne peut assez louer la grandeur. « Venez me voir chez le Khaznadji où j'habite », avait dit le général à Pfeiffer qui apprit ainsi que son nouveau protecteur était le général Damrémont, auprès duquel il intercéda en faveur de son ancien maître. Le Khaznadji en effet devait partir avec le Dey et demandait à pouvoir emporter ce qui lui appartenait. Non seulement le général Damrémont l'invita à venir prendre lui-même tout ce qu'il désirait dans sa maison, mais lui donna en outre une garde pour empêcher la populace d'en piller le transport. Le ministre turc avait promis à son ancien médecin une récompense princière; mais l'embarquement fut si rapide qu'il ne put exécuter sa promesse, et Pfeiffer note tristement, à la fin de sa relation : « J'aurais

dû demander de suite quelques milliers de florins;
mais, hélas! il faut m'appliquer le proverbe allemand :
Ein blöder Hund wird selten fett! Un chien idiot engraisse
rarement[1].

Quant au consul général britannique, dont les sentiments étaient bien connus, il disait dans sa dépêche
à sir George Murray, secrétaire d'État pour les Colonies :
« *So perfect has been Monsieur de Bourmont's conduct up to
the present moment, that I scarcely know which to admire
most : his moderation in complete success, or the poor old
Dey's equanimity in no common adversity*[2]. La conduite de
Monsieur de Bourmont, jusqu'à présent, a été si parfaite,
que je ne sais ce que je dois admirer davantage : sa
modération en pleine victoire, ou la grandeur d'âme du
pauvre vieux Dey, dans une pareille adversité. »

En effet, comme le disait son ami Saint-John, l'attitude de Hussein fut d'une dignité parfaite. Après s'être
retiré dans sa maison en ville, il demanda à rendre
visite au commandant en chef. Bourmont le reçut
le 7 juillet, avec tous les honneurs dûs aux souverains. Il tenait à marquer sa courtoisie envers un
adversaire tombé les armes à la main et lui adoucir,
autant que possible, l'ordre d'exil qu'il allait lui
communiquer.

Le général avait désigné plusieurs officiers de son
état-major pour accompagner le Dey jusqu'à la Casbah.
Une compagnie de grenadiers encadrait, comme garde

---

1. Après quelques jours passés encore à Alger, Pfeiffer faillit devenir
ministre des Finances du bey de Titteri, puis rentra en Allemagne où il
publia deux ans plus tard sa relation.

2. Saint-John, *op. cit.*, p. 322.

d'honneur, le cortège au milieu duquel Hussein, entouré de ses principaux ministres, chevauchait sur une mule d'assez pauvre apparence. Tout le peuple d'Alger était dans les rues et regardait en silence son terrible maître gardé par les Français. Arrivé à la porte de la Casbah, les tambours battirent aux champs. Le général de Bourmont, ayant à ses côtés l'amiral Duperré et les principaux officiers généraux de l'armée, l'attendait, en grande tenue, dans la salle du trône. Ils ne pouvaient cacher leur émotion de voir le vaincu rendre visite au vainqueur dans son propre palais. Hussein Pacha avait alors soixante-cinq ans. C'était un homme de petite taille, mais robuste et ayant grand air. Il s'avança lentement vers le comte de Bourmont qui fit quelques pas à sa rencontre et l'invita à s'asseoir à ses côtés. L'entrevue, très amicale, fut celle de deux grands seigneurs. Le Dey demanda spontanément à quitter Alger avec toute sa suite, composée d'une centaine de personnes, et à être mené à Livourne. Le général lui répondit qu'une frégate serait mise incessamment à sa disposition, et le priait de donner des ordres pour qu'il fît porter à bord tout ce qui lui appartenait.

Une partie de son mobilier était encore au palais, et le comte de Bourmont le pria de désigner lui-même tous ses objets personnels. Pendant que le général se rendait avec le Dey dans ses appartements, la domesticité arabe qui avait suivi son maître se mit à piller, et, en un clin d'œil, emportait la montre et le nécessaire du général Desprez. Mais quelques officiers méfiants avaient suivi les voleurs et appelèrent la garde pour les arrêter. Conduits devant le Dey, on retrouva dans leurs amples vêtements les objets dérobés. Hussein s'en montra médiocrement étonné. Sans doute, il devait y être habitué. « Je vous enverrai, dit-il au général de Bour-mont, des hommes de confiance dont je vous dirai les noms; s'il s'en présente d'autres, je vous prie de leur faire couper la tête. — Ce n'est pas l'habitude des Français, répliqua en souriant le général, nous avons pour cela des tribunaux. » Ce fut au tour du Dey de sourire en haussant les épaules. Hussein prit ensuite congé et fut reconduit à son domicile avec les mêmes honneurs.

Dès le jour de l'entrée des troupes, toutes les dispo-sitions avaient été prises pour les répartir autour de la ville dans la crainte que les janissaires, bien que désarmés, fussent tentés de se livrer à des actes de brigandage. La division Berthezène occupait le secteur de Bab-el-Oued, sa 2e brigade au fort du même nom et dans les ouvrages environnants, la 3e au consulat de Hollande. La 1re brigade restait pour le moment à Staouéli et le long de la voie militaire. La division Loverdo tenait avec sa 1re brigade la Casbah et la Porte Neuve; la 2e bivouaquait entre le fort l'Empereur et le fort Bab-Azoun, et la 3e se posta aux écuries du Dey, près de la vieille forteresse des Tagarins. Le duc des Cars campait à la Marine et devant la porte Bab-Azoun, son quartier général dans une maison, près des jardins de Mustapha Pacha. Toute l'artillerie de campagne avait été mise en batterie près du fort l'Empereur et sur la plage; les canonniers et les sapeurs étaient logés dans les bâtiments de la Marine, non loin des 3 escadrons de chasseurs à cheval.

Le soir même de l'entrée à Alger, le général en chef
publiait l'ordre du jour suivant :

Au quartier général de la Casbah.

6 juillet 1830.

« La prise d'Alger était le but de la campagne; le
dévouement de l'armée a devancé l'époque où il semblait devoir être atteint; vingt jours ont suffi pour la
destruction de cet État dont l'existence fatiguait l'Europe
depuis trois siècles. La reconnaissance de toutes les
nations civilisées sera, pour l'armée d'expédition, le
fruit le plus précieux de ses victoires. L'éclat qui doit en
rejaillir sur le nom français aura largement compensé
les frais de la guerre; mais ces frais mêmes seront payés
par la conquête... et bientôt le Trésor, conquis sur la
Régence, ira enrichir le Trésor français. »

Les pertes de l'armée s'élevaient à 400 morts et
1 900 blessés. Parmi ces derniers se trouvait encore
Amédée de Bourmont; les médecins avaient espéré le
sauver. Mais pendant que l'artillerie tonnait sur le fort
l'Empereur, son état empirait subitement. Au milieu
de cruelles souffrances, le jeune officier gardait une
sérénité admirable. Il demandait sans cesse des nouvelles
de l'armée, et son unique désir était de pouvoir vivre
jusqu'à la prise de la ville. La Providence lui réserva
cette dernière joie. « Qui de vous, disait-il à ceux qui
l'entouraient, ne voudrait avoir ainsi payé la victoire?
Espérons que mon sang servira à apaiser les ennemis de
mon père. » Dans ses derniers moments, il disait encore,

en montrant sa blessure : « Avouez qu'elle est bien placée là, près du cœur. » Toujours souriant, il expirait le 7 juillet. Le général était brisé de douleur, mais personne ne pouvait deviner ses angoisses, et son rapport au prince de Polignac se terminait par ces quelques lignes : « Des pères de ceux qui ont versé leur sang pour le Roi et la Patrie seront plus heureux que moi. Le second de mes fils avait reçu une blessure dans le combat du 24 juin. Lorsque j'ai eu l'honneur de l'annoncer à Votre Excellence, j'étais plein de l'espoir de le conserver. Cet espoir a été trompé; il vient de succomber. L'armée perd un brave soldat; je pleure un excellent fils. Je prie Votre Excellence de dire au Roi que, quoique frappé par ce malheur de famille, je ne remplirai pas avec moins de vigueur les devoirs sacrés que m'impose sa confiance[1]. »

1. Rapport du 8 juillet 1830.

CHAPITRE XIV

LENDEMAIN DE VICTOIRE

Paris apprend la victoire. — Extraordinaire froideur provoquée par l'opposition. — Les honneurs militaires sont critiqués. — Le Roi laisse clairement entendre qu'il ne rendra plus Alger.
Le maréchal de Bourmont rend sa visite au Dey. — Départ de celui-ci, à bord de la *Jeanne d'Arc*. — Son arrivée à Naples.
Expéditions de Bône et d'Oran. — Reconnaissance vers Blida. — Combats très violents. — Retraite difficile. — Le maréchal de Bourmont reçoit le bâton.
Le Roi signe les Ordonnances. — On apprend à Alger la révolution de Juillet. — Réunion des officiers généraux à la Casbah. — Le maréchal de Bourmont voudrait envoyer des troupes combattre la révolution. — L'amiral Duperré refuse le concours de la flotte. — Arrivée du général Clausel qui remplace le maréchal de Bourmont. — Le maréchal part pour l'exil.

La nouvelle de la prise d'Alger arriva à Paris le 9 juillet au matin. Ce fut au baron d'Haussez qu'échut l'agréable mission de l'annoncer au Roi. « Apportée par un bâtiment à vapeur et transmise par le télégraphe, je m'empressai de la porter au Roi qui, en l'apprenant, s'avança vers moi en me tendant les bras. Comme je m'inclinais respectueusement pour lui baiser la main : « Aujourd'hui, me dit-il, on s'embrasse », et Sa Majesté me pressa sur son cœur avec une effusion et une bonté dont le souvenir me sera toujours cher et glorieux. C'était, hélas, le dernier moment de bonheur que cet excellent prince devait éprouver. »

A midi, la nouvelle se répandit dans Paris, et à deux heures, on affichait à la Bourse le communiqué officiel :

« Alger s'est rendue à discrétion le 5 juillet à midi; à deux heures, le pavillon du Roi flottait sur le palais du Dey; tous nos prisonniers naufragés sont sauvés. »

Le canon des Invalides se mit à tonner, et bientôt, dans les rues de Paris, ce fut une joyeuse bousculade. On fermait les boutiques, on se félicitait, et la journée étant chaude, tout le petit peuple s'égailla dans les estaminets et les bouchons du bord de la Seine, pour boire à la santé du Roi et de l'armée d'Afrique. Joie des simples, du bon peuple de France, elle n'était pas partagée par la minorité des professionnels de la politique qui formaient l'opposition. La Bourse, baromètre des hommes d'État, n'avait presque pas bougé. Le 5 p. 100, coté 105,40, monta d'un sou, et le 3 p. 100 de 40 centimes, de 78,60 à 79. Enfin, phénomène encore plus attristant, les candidatures à la Chambre du baron d'Haussez et de l'amiral Duperré étaient repoussées, le même jour, dans 9 départements.

Le Roi avait écrit à tous les évêques de France pour leur commander des *Te Deum* solennels. Le 12 juillet, il se rendit lui-même, en grand apparat, à Notre-Dame, avec toute la famille royale, pour assister à la cérémonie que le cardinal archevêque de Paris allait célébrer. A quatre heures, il quittait le château, ayant dans sa voiture le duc d'Angoulême et la duchesse de Berry. Selon un usage immémorial, les Suisses formaient la haie sur le Pont Neuf. Précédant et suivant le carrosse à huit chevaux du Roi et des officiers de la couronne, galopaient des détachements de lanciers, de cuirassiers et de gardes du corps. Aux portières de la voiture royale, chevauchaient le gouverneur de la place de Paris et le commandant de la 1re division militaire. Mais déjà l'aspect de Paris était changé; la presse avait fait son œuvre. « Tout était morne et silencieux autour du cortège. Quelques cris, évidemment achetés, partis de groupes isolés, au milieu d'une population impassible, firent seuls les frais de la joie publique. Dans une telle occasion, le silence du peuple était significatif. Le Roi le comprit et en fut affecté. Ses yeux cherchèrent vainement des figures sur lesquelles on put surprendre quelque apparence de l'enthousiasme que devait exciter un tel événement. A son retour, il était triste[1]. »

La froideur du peuple de Paris fut en partie cause de la parcimonie avec laquelle le gouvernement distribua titres et décorations à l'armée d'Afrique. On sentait que la campagne n'intéressait plus personne; un seul but hantait les esprits : renverser le ministère. On a reproché au Dauphin de n'avoir pas voulu récompenser une armée qui ne se trouvait pas sous ses ordres; on a inventé des fables absurdes sur son compte, toutes contraires à son caractère dont la timidité et la modestie formaient les traits saillants, et qu'une brusquerie

---

1. D'Haussez, *Mémoires.*

subite essayait parfois de cacher maladroitement.
Quelques jours plus tard, sur les réclamations de Bourmont, le Dauphin décida de réparer avec éclat les omis-
sions que la prudence craintive du ministère lui avait
imposées.

La première fournée d'honneurs comprenait le bâton
de maréchal pour le général en chef et la dignité de pair
de France pour l'amiral Duperré. Armée et Marine
ratifièrent unanimement la décision royale. Bourmont
avait mené la campagne avec bonheur et habileté; il ne
pouvait recevoir une autre récompense. Tout autre
était le cas de l'amiral Duperré, et le ministre de la
Marine a noté lui-même les raisons qui lui dictèrent son
attitude : « L'amiral Duperré aurait pu faire manquer
l'expédition par son hésitation à aborder la côte à sa
sortie de Palma. Il l'a compromise par son obstination à
tenir éloignée de la division qui portait les troupes de
débarquement celle qui naviguait avec l'artillerie et les
chevaux, et par les mauvaises dispositions qu'il a faites
pour le débarquement, lequel ne s'est opéré que grâce à
l'intelligence et au zèle des commandants des vaisseaux
qui furent obligés d'agir d'après leurs propres inspi-
rations. Averti du moment où l'armée attaquait la place,
il a borné la diversion qu'il devait opérer à une inutile
canonnade qui n'a pas fait tomber un seul boulet dans les
fortifications. »

D'après Louis Blanc, le baron d'Haussez se serait
non seulement opposé à toute décoration pour l'amiral,
mais il aurait même demandé au Roi de le traduire
devant un conseil de guerre. Charles X refusa, et ce
fut lui personnellement qui décerna la pairie. « Les

feuilles libérales avaient fait revivre, pour en accabler M. de Bourmont, un des plus cruels souvenirs d'une époque féconde en perfidies ; elles cherchèrent à détourner toute la gloire de l'expédition sur l'amiral Duperré[1]. »

En effet, ce fut un beau concert d'imprécations dans la presse libérale. Duperré, qui se voyait déjà amiral de France, fut ulcéré de n'avoir pas été traité comme Bourmont, et quand l'occasion se présentera, quelques jours plus tard, de se venger de celui qu'il traitait de rival, il ne l'oubliera pas. Le baron d'Haussez connaissait le cœur humain ; il ne se faisait aucune illusion sur le caractère du baron Duperré, et c'est à juste titre qu'il lui refusait la suprême dignité navale.

Le 15 juillet, par ordre du Roi, le prince de Polignac écrivait au maréchal de Bourmont[2] :

« Monsieur le Maréchal,

» Sa Majesté a suivi avec un profond intérêt tous les événements de l'importante expédition d'Afrique. Le Roi, non moins satisfait de l'habileté avec laquelle vous l'avez conduite, que du glorieux résultat qui l'a couronnée, m'ordonne de vous faire connaître la haute et entière satisfaction qu'il en éprouve. Sa Majesté me charge, monsieur le Maréchal, de l'exprimer, en Son nom, aux officiers généraux qui vous ont si bien secondé, et aux troupes que vous avez menées à la victoire. Le Roi avait toute confiance dans la valeur de ses soldats,

1. Louis Blanc, *Histoire de Dix ans*, 5 volumes, Paris, Pagnerre, t. I, p. 157 et suiv.
2. Archiv. Guerre, Algérie, *Correspondance*, juillet-septembre 1830.

dans l'habileté des chefs qui les commandent; néanmoins le succès a surpassé son attente. L'honneur de ses armes, l'illustration de son règne en reçoivent un nouvel éclat. La France y trouve une gloire nouvelle.

» Je me ferai un devoir, monsieur le Maréchal, de mettre avec empressement sous les yeux du Roi les noms de ceux qui, parmi tant de braves, vous auront paru devoir être particulièrement signalés à ses bontés. Je m'estime heureux de pouvoir, dès à présent, vous faire connaître que Sa Majesté n'a vu dans tous qu'une égale rivalité de zèle et de dévouement, et qu'elle les confond dans sa royale affection.

» J'ai l'honneur d'être...

» Le président du Conseil chargé par intérim du portefeuille de la Guerre

Signé : POLIGNAC. »

Cette lettre fut très bien accueillie par l'armée. Du reste, officiers et soldats, tels de grands enfants, étaient tout à la joie de leurs succès. Sur la foi des récits empruntés aux contes arabes, ils s'étaient attendus à trouver des palais de marbre, des portiques tendus de soies précieuses, des jardins d'Armide aux fontaines vives et éclatantes peuplés de blanches odalisques. La petitesse, le désordre et la malpropreté de la ville les déçurent. Du reste, ils n'y pouvaient entrer qu'avec des permissions particulières. Le général en chef avait donné les ordres les plus sévères pour que les mosquées ainsi que les demeures privées fussent respectées.

L'occupation permanente d'Alger semblait déjà un fait accompli. Le consul Saint-John qui harcelait le comte de Bourmont à ce sujet se rendit bientôt compte qu'il n'avait plus d'illusion à se faire; de colère, il faillit en tomber malade.

Le gouvernement de Paris, tout en se maintenant dans une prudente réserve, laissait comprendre que la France garderait sa conquête. Ici encore la volonté du Roi entraîna celle, toujours lente, du prince de Polignac. Le journal secret des délibérations du Conseil des ministres porte, à cette date, le résumé suivant où l'on sent à la fois la volonté arrêtée du Roi et celle plus dilatoire du ministre : « Le Conseil, ayant à examiner la question de savoir si le Roi avait pris des engagements, déclara à l'unanimité qu'aucun engagement n'avait été pris, et que, tout en disant qu'il ne faisait pas la guerre par ambition, le Roi ne s'était nullement obligé à renoncer à une conquête incidente, puisque, tout au contraire, il avait réservé les droits de la France, en déclarant qu'il suivrait la politique indiquée par la dignité et les intérêts du pays. » Ah! qu'en termes *pesants* ces choses-là sont dites!

Les instructions pour notre ambassadeur à Constantinople étaient heureusement plus claires. Le général Guilleminot avait reçu ordre de ne rien dire, de ne rien conclure, hors cette déclaration formelle « que le droit de guerre entraînait celui de conquête, et que la France n'avait besoin du consentement de personne pour garder le prix de sa victoire ». Malgré la situation intérieure qui s'aggravait d'heure en heure, le vieux Roi continuait à avoir les yeux fixés sur Alger dont la conquête le consolait des tristesses qu'il éprouvait en France.

La décision de garder Alger fut rendue publique quelques jours plus tard. Le 19 juillet, le duc de Laval ambassadeur du Roi à Londres, communiquait officiellement à lord Aberdeen que le maréchal de Bourmont, en prenant possession d'Alger, avait rétabli les consuls européens dans leurs attributions et rouvert les relations commerciales, interrompues depuis plusieurs mois entre cette ville et les pays étrangers. Six jours après, le 25 juillet 1830, qui fut à proprement parler le dernier jour de la Restauration, l'ambassadeur qui partait en congé pour Paris eut un dernier entretien avec le premier ministre anglais. Nombre de diplomates français ont dépassé, et de beaucoup, le duc de Laval par l'intelligence; peu d'entre eux, cependant, rendirent plus de services à la France que ce grand seigneur. Il avait répondu à la morgue des ministres anglais par un mépris glacial; ceux-ci d'ailleurs l'admiraient pour les qualités que l'Anglais apprécie le plus : la droiture et le bon sens. « Monsieur le duc, lui avait dit lord Aberdeen, jamais, ni sous la République ni sous l'Empire, la France n'a donné à l'Angleterre des sujets de plaintes aussi graves que ceux que nous recevons de vous depuis un an. » Puis, d'un ton tout différent : « Au revoir, monsieur l'ambassadeur, fit-il en lui tendant la main. Je me sépare de vous avec plus de peine que jamais, car peut-être ne sommes-nous plus destinés à nous revoir. »

Le ministre anglais prévoyait-il la chute de Charles X? « Au revoir, monsieur le ministre, répondit le duc; je ne sais si nous nous reverrons, et j'ignore ce que vous pouvez espérer de la France. Mais ce que je sais et que je puis vous affirmer, c'est que vous n'obtiendrez rien d'elle par les menaces. »

Et c'est sur ces fières paroles que le représentant de la branche aînée des Bourbons prenait congé définitif du Royaume-Uni.

Pendant que se décidait à Paris et à Londres le destin futur d'Alger, Bourmont ne perdait pas de temps pour organiser le pays conquis. Le Dey vivait effacé et déjà oublié dans sa maison en ville, mais son départ seul pouvait permettre au général en chef de considérer la Régence comme un territoire sans maître. Dès sa première visite, Hussein avait demandé à quitter Alger; il fallait se hâter pour profiter de ces bonnes dispositions. Aussi dès le lendemain, lui rendit-il la politesse en allant le trouver. L'entrevue fut encore plus cordiale que celle de la veille. Hussein priait le maréchal de transmettre au Roi de France sa reconnaissance éternelle pour la générosité qu'il avait montrée dans la victoire : « J'avais toujours été persuadé de la justice de ma cause, dit-il textuellement au maréchal; mais je reconnais que je m'étais trompé puisque j'ai été vaincu. Je dois me résigner à la volonté de Dieu. On m'a représenté comme un homme cruel et féroce; que l'on consulte mes sujets, et surtout les plus pauvres, on aura la preuve du contraire, car je leur ai fait du bien. Je vous les recommande. Je sais que vous avez perdu un fils; je vous plains, et j'apprécie d'autant plus votre douleur que la fortune de la guerre ne m'a pas non plus épargné, et qu'un neveu que j'aimais tendrement m'a été enlevé. Nous devons nous résigner à la volonté de Dieu.

» Je désire me retirer à Naples. Je pars avec la conviction que le Roi de France ne m'abandonnera pas. Il est généreux puisqu'il vous a commandé tout ce que vous faites. »

Le maréchal l'assura que la France savait reconnaître les qualités d'un ennemi vaincu et qu'elle traiterait Sa Hautesse avec magnanimité.

Ordre fut donné à l'amiral de préparer la *Jeanne d'Arc* pour transporter le souverain à Naples. Encore une fois, il fallut vaincre la mauvaise volonté de Duperré qui inventait et accumulait les difficultés à plaisir. N'allait-il pas jusqu'à exprimer la crainte de rencontrer la flotte anglaise en Méditerranée ? Enfin, tout fut prêt. Le 10 juillet, à 8 heures du soir, Hussein quitta sa maison pour se rendre à bord de la frégate. Plus de cent personnes l'accompagnaient, parmi lesquelles son gendre, l'Agha Ibrahim, son frère, l'ancien ministre de la Marine, et le Khaznadji, ainsi qu'une foule de domestiques nègres et arabes. Les femmes suivaient dans des palanquins fermés. Dans la journée, les bagages et de nombreuses caisses fort lourdes avaient été disposées à bord. Sur les quais, presque personne ; pas un cri. Le Dey se retourna une dernière fois vers la ville et regarda longuement la Casbah. Puis, toujours silencieux, il baissa la tête et se rendit à bord.

La *Jeanne d'Arc* avait été aménagée de façon à permettre à Hussein de vivre au milieu de son harem dans une vaste chambre construite au centre du navire. Le souverain déchu y passait presque toutes ses journées. Ses femmes étaient au nombre de quatre, dont la sultane favorite, très jeune et très belle. Le hasard, — était-ce bien le hasard ? — avait fait qu'un trou dans les cloisons permît de voir ce qui se passait dans le harem. Les marins ne s'en faisaient pas faute; une jeune femme, grande, brune et très belle, était assise toujours à la même place, perdue dans ses rêveries. C'était la charmante Amina, fille du Dey, qui, d'après les récits des eunuques, ressemblait aux plus belles houris du paradis.

La vie à bord fut monotone. Hussein prenait ses repas avec ses femmes et ne paraissait sur le pont qu'au moment des prières qu'il ne manquait jamais de faire aux heures prescrites. Avant le lever du soleil, on le voyait monter auprès de l'homme de barre pour consulter le compas; puis se prosterner dans la direction de La Mecque en murmurant les versets rituels. Il parlait peu et ne fumait jamais. A côté de lui, un officier de sa Maison tenait une tabatière ouverte dans laquelle il puisait fréquemment, l'offrant ensuite aux officiers français. La seule personne contre laquelle il avait gardé de l'animosité était le consul Deval. Volontiers il eût donné sa tête au bourreau pour voir celle du consul tomber avant la sienne. L'exécuteur des hautes œuvres se trouvait en effet à bord, sorte d'hercule de foire qui s'enivrait matin et soir et racontait aux marins, par le truchement d'un interprète, des histoires d'une incroyable grivoiserie. Les autres Turcs, sauf l'Agha, dont les façons aimables ne se démentirent jamais, se tenaient silencieux et respectueux derrière leur souverain.

La quarantaine fut purgée à Mahon, et, sans autre incident, la frégate jeta l'ancre dans la baie de Naples. L'arrivée du célèbre Hussein mit toute la ville en émoi. D'innombrables barques amenaient les curieux en foule autour de la *Jeanne d'Arc*. Mais en vain les mandolines et les guitares se mirent à jouer; le Dey ne se montra pas. Enfin la libre pratique ayant été obtenue, le commandant de la *Jeanne d'Arc* se rendit à terre pour s'entendre avec les autorités et l'ambassadeur de France. Ce dernier était absent, mais, par hasard, le comte de La Ferronnays, alors ambassadeur à Rome, était de passage à Naples. C'est avec lui que toutes les dispositions furent prises. L'hôtel de la Victoire fut désigné pour loger le Dey. La curiosité indiscrète des Napolitains avait mis celui-ci de fort méchante humeur. Il débarqua sans apparat, revêtu d'un habit tellement pauvre et sale, que le commandant lui en fit la remarque. Le Dey lui répondit, bourru : « Maintenant que je suis pauvre, je dois m'habituer à mon nouvel état. »

Avant même d'aller à son hôtel, on l'obligea de rendre visite au comte de La Ferronnays. Hussein le fit d'assez mauvaise grâce; mais l'accueil du diplomate français le toucha : « Quand Dieu le veut, lui dit-il en turc, le superbe doit s'humilier. Je ne suis ni le premier ni le dernier qui a été ou qui sera le jouet de la fortune. J'ai fait ce que j'ai pu pour rendre mes sujets heureux. Dieu ne m'a point permis d'achever l'œuvre commencée. J'entre dans la foule, comme si je n'en étais jamais sorti. Que le Ciel garde en paix mes ennemis, et leur donne celle de mon cœur s'ils tombent dans l'adversité[1]. »

Quelques jours plus tard, lorsque le comte de La Ferronnays vint le voir, le Dey fut encore plus aimable, allant jusqu'à inviter les dames à visiter son harem.

---

1. H. Lauvergne, *Histoire de l'expédition d'Afrique*, Paris, Béchet, s. d.

Désormais, sa vie est finie, et il disparaît de l'histoire. Huit ans plus tard, il mourait à Alexandrie, en Piémont, en exil comme son vainqueur Charles X qui, non loin de là, à Goritz, l'avait précédé dans la tombe.

Sa dignité dans l'épreuve avait fait oublier le passé de Hussein. Il était cruel et impitoyable, comme tous les Turcs, surtout envers les chrétiens; encore ne le fut-il pas toujours. C'est à lui personnellement que les marins de l'*Aventure* et du *Silène* durent la vie, et si, par hasard, il avait dû faire étrangler quelques-uns de ses proches, il ne l'avait fait que pour sauver sa propre tête. Sorti du bas peuple, il avait l'âme d'un autocrate, mais il peut compter parmi les souverains les plus remarquables qui ont régné sur Alger. On ne saurait trop lui reprocher sa foi dans la créance Bacri. Cependant n'y eut-il pas dans cette affaire un conflit violent entre deux conceptions également droites et qui jamais n'aurait pu se résoudre autrement qu'il ne le fut? Issue d'une de ces machinations tortueuses que le gouvernement révolutionnaire, puis napoléonien, et M. de Talleyrand en particulier, avaient échafaudée et où ils n'oubliaient pas leurs intérêts propres, l'affaire Bacri, misérable question de fournitures entre compères, disparaît pour faire place à la grande revanche française contre une puissance que la Méditerranée ne pouvait plus supporter. Hussein eut avant tout le tort de vivre à une époque où les forces de la Restauration, patiemment accumulées, allaient rendre à notre pays sa gloire d'antan.

*
* *

Après quelques jours de repos, l'armée avait repris son activité. La flotte, ancrée devant la rade, assurait un service rapide avec la France. Il fut décidé qu'on rapatrierait immédiatement tous les officiers et soldats dont l'état de santé ne permettait plus de continuer la campagne. Parmi les officiers généraux, les maréchaux de camp Bertier de Sauvigny et Valazé, ainsi que l'intendant en chef baron Denniée, furent désignés les premiers. Bertier de Sauvigny, homme d'âge, était épuisé par les fatigues; les deux autres généraux étaient malades. De nombreux officiers s'étaient engagés comme volontaires pour la durée de l'expédition; ils demandaient à rentrer en France. L'idée du maréchal était de ne garder à Alger qu'un petit noyau de l'armée, et de faire venir de nouveaux régiments de France. Tout portait à croire que la soumission du Dey allait entraîner la pacification complète du pays. Le lendemain du jour où les troupes françaises prirent possession d'Alger, un garçon de seize ans, fils du bey de Titteri, s'était présenté au comte de Bourmont pour lui annoncer la soumission de son père. Le général accorda un sauf-conduit au jeune messager en le chargeant de dire à son père qu'il serait laissé à la tête de son gouvernement, sous la condition qu'il continuerait à payer à la France le tribut qu'il payait au Dey. Le bey signa, promit tout ce qu'on voulut, et vint camper aux environs de la ville.

En vain, Hussein avait-il averti les Français de la

duplicité de ce grand vassal. Lui seul disait la vérité, alors que ses anciens sujets, Arabes ou Juifs, mentaient à qui mieux mieux pour se faire bien voir des Français. Ils affirmaient que les beys de Constantine et d'Oran, épouvantés par la victoire et las de la domination turque, n'attendaient qu'un mot du maréchal pour se soumettre. C'est dans ces conditions que les premières expéditions furent décidées.

On se rappelle que, lors de l'attentat du Dey contre le parlementaire français, les commerçants français de La Calle s'étaient enfuis précipitamment et que les Turcs avaient saccagé les établissements de cette très ancienne concession française. Il était tout naturel que le gouvernement, dès la prise d'Alger, désirât reconquérir ce port et commandât au maréchal de Bourmont de hâter l'envoi d'une expédition. Le général Damrémont en fut chargé. Les lenteurs de la flotte ne lui permirent de partir d'Alger que le 25 juillet. L'amiral de Rosamel commandait l'escadre. Le débarquement se fit à Bône, sans coup férir; les 6e et 49e de ligne occupèrent la Casbah et la ville. Les tribus arabes les attaquèrent dix jours plus tard; elles furent repoussées. L'administration énergique et sage du général Damrémont lui avait conquis l'affection de toute la population. Malheureusement, le 18 août, à l'annonce de la révolution de Juillet, il reçut l'ordre de s'embarquer avec toute sa brigade pour rejoindre Alger. Il laissait à la population des armes et des munitions et reçut d'elle la promesse de se défendre jusqu'à la dernière extrémité.

Les débuts du gouvernement de Juillet allaient être néfastes pour l'occupation française en Afrique.

De Bône, l'escadre Rosamel continua sur Tunis où elle emmenait le comte Polidor de La Rochefoucauld, porteur d'un ultimatum adressé au bey, sous forme de traité. Telle était la terreur qu'inspirait à ce moment le nom du Roi que le bey signa sur l'instant la convention, aux termes de laquelle il abolissait l'esclavage des chrétiens, les tributs des puissances européennes et interdisait à jamais la piraterie et la course en mer.

Une action analogue, entreprise à Tripoli, amena le bey, sous la menace d'un bombardement immédiat, à souscrire aux mêmes conditions.

Des anciens alliés ou vassaux d'Alger, il ne restait plus que le bey d'Oran. Le maréchal y envoya son fils, le capitaine Louis de Bourmont. Le 24 juillet, au matin, il arrivait devant la ville, à bord du *Dragon*, et y rencontrait les bricks du blocus l'*Endymion* et le *Voltigeur*. Le bey était un vieux Turc qui ne demandait qu'à rentrer dans son Asie Mineure natale, en emportant toutes les richesses qu'une administration prudente lui avait permis d'amasser. Son armée ne se composait que de 800 Turcs qui auraient pu difficilement tenir tête à la révolte arabe qui éclatait. Aussi, à peine la petite division navale eut-elle mouillé devant le port, qu'un parlementaire se présenta au capitaine de Bourmont pour lui remettre les clefs de la ville. En contre-partie, le bey demandait à être rapatrié en Turquie. Pendant ces pourparlers fort rapides, le capitaine de frégate Le Blanc, commandant le *Dragon*, avait fait mettre à terre 110 hommes dans la rade de Mers-el-Kébir. Les janissaires turcs n'opposèrent aucune résistance, et dans la même journée, le drapeau blanc fleurdelysé paraissait sur le château d'Oran et les tours de Mers-el-Kébir, forteresse réputée imprenable.

Quelques jours plus tard, sur le rapport de son fils, le maréchal de Bourmont envoyait à Oran le colonel Bérard de Goutefrey avec le 21e de ligne et deux obusiers de montagne.

Une dernière expédition fut entreprise par le maréchal en personne, contre Blida. De celle-ci, il y a moins à retenir l'échec d'importance secondaire que l'exemple d'une opération algérienne type, comme l'avenir en montrera en grand nombre : coups de poing dans le vide, retraites sanglantes.

Le 23 juillet 1830[1], une petite colonne composée d'un bataillon du 2e de marche, de 8 compagnies de voltigeurs de la 3e division, de 24 sapeurs du génie et d'une batterie de 4 pièces se mettait en marche vers Blida, sous le commandement du général Hurel. Elle avait bivouaqué à 3 lieues et demie d'Alger, pour ne pas traverser la Mitidja aux heures les plus chaudes. Le maréchal avait décidé cette expédition pour étendre la zone de soumission aux alentours immédiats d'Alger et permettre le ravitaillement de la capitale. Il accompagnait l'expédition, désireux de connaître les environs et recevoir en personne la soumission des tribus. Le lieutenant général duc des Cars se trouvait avec lui, ainsi qu'un certain nombre de volontaires, dont le prince de Schwarzenberg. Un escadron de chasseurs, commandé

---

1. Pour l'affaire de Blida, assez confuse malgré sa brièveté, consulter les rapports de Bourmont, l'Historique manuscrit du ministère de la Guerre, les souvenirs de Quatrebarbes, Fernel, Ault-Dumesnil et Schwarzenberg, tous présents à l'action.

par le colonel Bontemps du Barry, éclairait la marche. Quelques Arabes s'étaient joints aux troupes françaises et suivaient paisiblement.

On traversa la plaine sans difficulté. Les indigènes vaquaient à leurs affaires; des petits ânons trottinaient sur les routes, chargés de bois ou de charbon, les troupeaux paissaient tranquilles dans les hautes herbes qui recouvrent la Mitidja.

A l'approche de Blida, les mesures de précaution furent redoublées; mais déjà, à une lieue et demie de la ville, une députation vint au-devant du général en chef pour faire acte de soumission. Les Arabes assuraient que la ville, ouverte à tout venant, recevrait avec joie les vainqueurs d'Alger, et, de fait, lorsque les premiers cavaliers français se présentèrent, ils furent entourés par une foule joyeuse qui leur témoigna par gestes qu'elle les considérait comme des amis. Néanmoins Bourmont, toujours prudent, fit établir le camp en dehors des jardins qui l'entourent. Bientôt tous les habitants s'y pressaient pour voir de plus près nos soldats. Ils apportaient toutes sortes de fruits, des légumes, des moutons, et un véritable marché ne tarda pas à s'ouvrir aux abords des bivouacs. Pendant que les troupiers s'amusaient à marchander, le maréchal avait convoqué les principaux notables. Il apprit ainsi que les Kabyles descendaient souvent des montagnes pour rançonner durement les petites villes de la plaine. La veille encore, ces terribles montagnards étaient venus à Blida. Désormais, espéraient-ils, ces pillages allaient cesser, puisque la ville se trouvait sous la protection de l'armée française.

La nuit se passa sans incidents.

Le lendemain matin, on leva le camp. A cette vue, les Arabes se jetèrent éplorés aux pieds de Bourmont, le priant de les protéger contre les insultes certaines des Kabyles, et l'engageant à prendre des précautions. Le maréchal avait peine à croire ces affirmations, d'autant plus que, de bon matin, il avait personnellement poussé une reconnaissance à travers l'oasis, sans rencontrer un seul homme armé.

L'ordre avait été donné de partir à 2 heures de l'après-midi et de bivouaquer à trois ou quatre lieues de là. Vers midi, soudain, quelques coups de feu éclatent. En un clin d'œil tous les Arabes disparaissent. Le maréchal fait battre le rappel ; les coups de feu se faisaient plus nombreux. Un officier vint annoncer que des canonniers conducteurs avaient été tués aux abreuvoirs, et que l'ennemi, probablement des Kabyles, se faufilait à travers haies et jardins. Bientôt, les balles commencèrent à siffler sur le jardin où se trouvait l'état-major. Un des premiers, le chef d'escadron de Trélan, aide de camp du maréchal, était frappé d'une balle au ventre. Le commandant Brunet de La Grange, à la tête de trois compagnies, dégagea le quartier général. Le maréchal était à cheval, l'épée à la main, au milieu d'une grêle de balles qui tuèrent un maréchal des logis de l'escorte et blessèrent plusieurs hommes. Le chef d'état-major s'était imprudemment porté sur le côté pour se rendre compte de la situation ; il fut entouré d'Arabes, et ne dut son salut qu'à la décision du maréchal qui se porta à son secours avec l'escorte. Jamais, racontent les témoins de l'affaire, le comte de

Bourmont ne montra plus de ressources et de présence d'esprit.

Il était 2 heures quand la colonne put se mettre en marche. L'avant-garde, composée de deux compagnies d'infanterie et de 25 cavaliers, fut attaquée. Elle força le passage à la baïonnette. A côté du capitaine Chapelié, commandant l'avant-garde, le prince de Schwarzenberg chargeait avec les fantassins et tuait un Kabyle de sa main.

Une nuée de cavaliers arabes galopait dans les grandes herbes. Les obusiers de campagne ouvrirent le feu, mais l'ennemi était si mobile que les projectiles tombant au hasard ne produisaient que peu d'effet. L'honneur de la journée revint à la cavalerie, admirablement menée par le colonel Bontemps du Barry. Il attendit que les Arabes se fussent rapprochés des flancs de la colonne pour se jeter sur eux sabre au clair. Ce fut une belle charge. Les pertes des cavaliers ennemis furent estimées à environ 200 hommes; les nôtres étaient d'un tué et de deux blessés. Cette disproportion, note le maréchal, n'étonnera pas ceux qui savent que c'est surtout dans la cavalerie que la supériorité du nombre ne peut suppléer aux défauts d'ordre et de discipline. Le chasseur Yung fut cité à l'ordre de l'armée pour avoir tué de sa main 4 Kabyles.

Lentement l'infanterie avançait; on étouffait dans cette plaine marécageuse. Bouffarik fut enfin atteint. Bourmont craignait que les habitants ne vinssent se joindre aux Kabyles. Il n'en fut heureusement rien, et la traversée du village s'effectua en bon ordre. L'avant-garde continuait à fouiller les petits bois et les ravins.

Jusqu'à la tombée du jour, l'ennemi harcela la colonne sur tous les côtés; il ne disparut qu'à la nuit. La marche continuait harassante. A 11 heures, le maréchal commanda le bivouac, à proximité d'un puits entouré de mûriers[1] appelé Bir-Touta. Les hommes tombaient de fatigue et de soif; on alluma de grands feux; les distributions de vivres rendirent aux soldats leur belle humeur. Seul le comte de Bourmont restait triste. Le commandant de Trélan, qu'on transportait sur un brancard, était mort pendant la marche[2]. Le maréchal le chérissait particulièrement; ce deuil venant s'ajouter à celui de son fils Amédée lui causa un cruel chagrin. Il s'était assis seul à l'écart de son état-major, et contemplait tristement le feu, lorsqu'un mouvement insolite se produisit autour de lui. Un officier d'ordonnance arrivait en courant, accompagné d'un chef d'escadron de chasseurs. « Monsieur le maréchal! un courrier de Paris! » Le nouveau venu se présenta : commandant de Bois le Comte. Il tenait à la main un pli officiel et un paquet.

1. Ce puits des Mûriers, comme l'appellent les Arabes, est à proximité du croisement des deux routes de Blida à Alger et de Colea à Alger.

2. Le capitaine de vaisseau anglais Mansell lui avait témoigné la plus amicale sollicitude, et c'est lui, qu'avant d'expirer, le commandant de Trélan avait chargé de transmettre ses derniers adieux à sa jeune femme et à ses enfants. Il fut enterré au petit cimetière militaire d'Alger où ses camarades lui firent élever une stèle en marbre. Ce cimetière, situé à 300 mètres du fort des Vingt-Quatre Heures ou Bordj Tiklits, le long de la falaise, avait été acheté à prix d'or par le Roi d'Espagne Charles III. Il était entouré d'un haut mur et servait de sépulture à tous les chrétiens, esclaves ou commerçants. Les prêtres n'avaient pas le droit d'officier en habits sacerdotaux. La plupart des soldats français morts autour d'Alger y furent enterrés. Une autre stèle rappelle le tombeau du chef de bataillon Chambaud, du génie, blessé mortellement le 30 juin 1830, sur la première tranchée devant le fort l'Empereur.

Du premier, il retira deux enveloppes : c'était une lettre des plus flatteuses du duc d'Angoulême, accompagnant le brevet royal qui conférait au comte de Bourmont la dignité de maréchal de France. Du paquet, il retira un étui en maroquin bleu : le bâton de maréchal. Auprès de Bourmont se groupaient le duc des Cars, les généraux Desprez et Hurel, et, dans l'ombre, les officiers d'état-major, des soldats accourus à la nouvelle. Le maréchal tira de l'étui le bâton de velours bleu aux fleurs de lys d'or, emblème de la suprême dignité militaire. Il le regarda longuement avec émotion sans mot dire, puis le tendit à l'un de ses aides de camp, et lui remettant l'enveloppe avec les dépêches : « Gardez-les, dit-il lentement ; demain nous verrons si nous sommes moins malheureux. »

La nuit fut calme, et le lendemain, à 13 heures, les troupes faisaient leur entrée à Alger. Les pertes après le décès de quelques blessés s'élevèrent à 15 hommes tués et 43 blessés.

Comme toujours, Bourmont se montra généreux pour ses subordonnés, dont il aimait à citer la bravoure et les capacités. « Le général Hurel, écrit-il au prince de Polignac, se montra homme de guerre expérimenté; il retrouvait là une journée d'Égypte. Le lieutenant général duc des Cars m'avait accompagné. La confiance et l'affection qu'il inspire aux troupes de sa division contribuèrent à leur donner ce calme qu'ils montrèrent constamment au milieu du cercle d'ennemis dont ils étaient environnés. »

Le maréchal rentrait avec l'idée de former aussitôt que possible une nouvelle expédition, forte de 3 à

4 000 hommes, qui retournerait à Blida pour châtier les Kabyles et s'emparer définitivement de la ville. Mais, pour le moment, la dysenterie et les fièvres augmentaient dans des proportions telles qu'il fallait songer d'abord à embarquer les malades et à faire venir les renforts de France. Les bases de Sidi-Ferruch et de Staouéli, qui n'offraient plus aucun intérêt, furent abandonnées et toute l'armée cantonnée dans les environs immédiats d'Alger.

L'état-major général s'était préoccupé de la présence des 3 500 miliciens turcs. Deux tiers de ces soldats étaient logés dans les casernes; les autres, mariés, habitaient en ville. Leur attitude, au moment de la reddition d'Alger, les faisait craindre. C'est au moins ce que les commerçants israélites et arabes venaient raconter aux autorités françaises qui crurent bien faire en décidant le renvoi de tous les Turcs en Asie Mineure. Erreur manifeste, car avec ces troupes excellentes, dont la seule présence épouvantait les Arabes, il eût été facile de former une légion turque de tout premier ordre, qui, habituée au climat et aux indigènes, aurait pu rendre les plus grands services.

Après les avoir désarmés, on leur remit à chacun vingt-cinq piastres, et ils furent embarqués pour Smyrne. Ces terribles janissaires quittèrent la ville sans un geste de révolte, sans une plainte, en bons soldats fatalistes que la fortune a trahis.

Le maréchal de Bourmont était rentré de Blida le dimanche 25 juillet. L'impassibilité ordinaire de son visage ne pouvait cacher la tristesse de son regard et son air soucieux. Les lettres qu'avait apportées le commandant de Bois le Comte montraient la situation intérieure de la France pleine de menaces pour le Roi et la dynastie. Toute la vie du nouveau maréchal avait été une succession de grandeurs suivies de revers. Il venait d'atteindre le sommet de la gloire militaire; la perte de son fils et de son meilleur ami apaiserait-elle la jalousie du destin?

Ce même jour, au château de Saint-Cloud, le roi Charles X présidait, après la messe, le Conseil habituel des ministres. Le prince de Polignac venait de donner lecture des Ordonnances qu'il soumettait à la signature du Roi. Charles X l'avait écouté en silence, la tête dans les mains; aucun des ministres n'osait interrompre sa méditation. Il se redressa avec un effort : « Plus j'y pense, dit-il, las et triste, et plus je demeure convaincu qu'il est impossible de faire autrement. » Et il signa. Après lui, tous les ministres; seul le baron d'Haussez hésita, et, s'adressant au prince de Polignac : « Ne prévoyez-vous pas des troubles? Avez-vous pris toutes les mesures pour les réprimer? — Je ne redoute aucun soulèvement, répliqua aussitôt le président du Conseil; en tous cas, les forces réunies à Paris sont assez imposantes pour garantir la paix publique. »

Cinq jours plus tard, le Roi partait en exil.

*
* *

Le 11 août 1830, Jacob Cohen Bacri se présentait fort agité à la Casbah et demandait à parler d'urgence au maréchal. Il lui montra une lettre reçue le matin même de son correspondant de Marseille. Le Roi avait quitté Saint-Cloud ; le duc d'Orléans était proclamé régent ; le drapeau tricolore flottait à Paris et à Marseille.

Déjà tout le corps expéditionnaire était en agitation ; la nouvelle, propagée par les marins, s'était répandue comme une traînée de poudre dans toute la ville, et partout des petits groupes d'officiers et de soldats se formaient. *Fortiter pugnare et argute loqui*, ç'a été toujours ainsi avant et après Tacite.

Pour les calmer, le maréchal fit publier un ordre du jour aussi sincère que bref : « Des bruits étranges circulent dans l'armée. Le maréchal commandant en chef n'a reçu aucun avis officiel qui puisse les accréditer. Dans tous les cas, la ligne des devoirs de l'armée lui est tracée par les serments et la loi fondamentale de l'État. »

A 10 heures du soir, un bâtiment rapide apportait au maréchal le courrier officiel. Il ne contenait qu'une simple lettre du général Gérard, commissaire au département de la Guerre du gouvernement provisoire, qui lui annonçait les changements survenus, et l'invitait, au nom du nouveau gouvernement, à rester à la tête des troupes. La lettre se terminait par ces mots menaçants : « Une responsabilité toute spéciale pèserait sur vous si vous permettiez que la moindre hésitation, la moindre dissidence, se manifestât parmi les militaires sous vos ordres, et pût tendre à compromettre les résultats que la France a droit d'attendre de l'expédition que vous avez dirigée. »

Le lendemain matin, à 8 heures, Bourmont réunissait à la Casbah tous les généraux. Comme quelques jours auparavant, lorsqu'il recevait les plénipotentiaires turcs devant les ruines du fort l'Empereur, les généraux Berthezène, Loverdo, des Cars, Desprez, Tholozé, La Hitte, les commandants de brigade, assistaient à ce grand conseil. Seul l'amiral Duperré avait refusé, malgré une invitation pressante. Il avait conduit son vaisseau amiral la *Provence* à un mille au large et signalé à tous les bâtiments défense de se rendre à son bord. Le contre-amiral Mallet était chargé de le représenter au conseil et de lui en rapporter les nouvelles.

Le maréchal exposa brièvement la situation. La révolution avait chassé le Roi; le devoir de l'armée était de se mettre à ses ordres. Un corps de 12 000 hommes s'embarquerait immédiatement pour Toulon, où, de concert avec la division de réserve, il irait combattre la révolution. Les troupes laissées à Alger semblaient plus que suffisantes pour tenir la ville. Ordre était envoyé au général Damrémont de quitter Bône et de rejoindre le gros de l'armée. Le colonel Bérard de Goutefrey, qui occupait Oran, était également rappelé d'urgence, mais non sans avoir, au préalable, fait sauter tous les forts du front de mer d'Oran. Pouvait-on compter sur la collaboration de l'armée navale? Le roi Charles X avait bien donné au maréchal une lettre de commandement qui mettait sous ses ordres toute la flotte.

Mais que valait un pareil « chiffon de papier » si l'amiral refusait ?

La majorité des officiers généraux applaudit aux paroles de leur chef. Les autres se maintinrent dans une prudente réserve. Trois généraux s'offrirent pour aller auprès de l'amiral. C'étaient le chef d'état-major Desprez et les maréchaux de camp Monk d'Uzer et La Hitte. Ils se rendirent à bord de la *Provence*. Trois heures plus tard, ils revenaient à la Casbah apporter au maréchal la nouvelle du refus de l'amiral Duperré. Sa flotte, disait-il, était dispersée; l'embarquement d'une pareille armée impossible sur l'heure; l'aventure dangereuse et impopulaire; enfin, pressé de questions, il finit par avouer qu'il avait déjà envoyé son adhésion au gouvernement provisoire[1].

Le maréchal de Bourmont ne parut pas surpris. Un instant il avait songé à faire arrêter l'amiral; mais la précaution que celui-ci avait prise d'éloigner son vaisseau du reste de la flotte rendait l'opération impossible. L'armée redoutait une nouvelle révolution et ne voulait pas se lancer dans des aventures. Bourmont comprit qu'il ne pouvait sacrifier que lui-même; il n'avait pas le droit d'engager ses soldats. Son attitude fut aussi noble que simple. Décidé à offrir sa vie, sa position, toute sa fortune à son Roi, il consacra les derniers jours de son

---

1. Pour la première fois de sa vie, l'amiral s'était empressé de reconnaître un nouveau gouvernement. Louis-Philippe le récompensa en le nommant immédiatement amiral de France et pair du royaume. On sait que, sous le gouvernement de Juillet, on ne parlait de la prise d'Alger qu'en l'attribuant à Duperré; son nom figure seul sur le monument de Brest, sur l'arc de triomphe de Marseille... façon peu élégante, en vérité, de rappeler « toutes les gloires de la France ».

commandement à sauvegarder l'honneur et la sécurité de l'armée d'Afrique.

Il s'entendit avec l'amiral Duperré pour maintenir la discipline et la bonne harmonie entre la marine et l'armée de terre, et, d'un commun accord, ils décidèrent que le drapeau tricolore serait arboré en même temps sur terre et sur mer, au reçu d'ordres positifs de Paris.

Le 16 août 1830, un ordre du jour communiqua à l'armée le changement de gouvernement. « Sa Majesté le roi Charles X et Monsieur le Dauphin ont, le 2 août, renoncé à leurs droits à la Couronne, en faveur de Monseigneur le duc de Bordeaux. Le maréchal, commandant en chef, transmet à l'armée l'acte qui comprend cette double abdication et qui reconnaît Monseigneur le duc d'Orléans comme lieutenant général du Royaume. » Suit le texte de l'acte d'abdication :

« Conformément aux ordres de Monseigneur le lieutenant général du Royaume, la cocarde et le pavillon tricolores seront substitués à la cocarde et au pavillon blancs.

» Demain, à 8 heures du matin, on arborera le pavillon tricolore. Les drapeaux et étendards des régiments demeureront renfermés dans leurs étuis. Les troupes cesseront de porter la cocarde blanche. La cocarde tricolore la remplacera, lorsqu'on en aura reçu une quantité suffisante pour que toutes les troupes puissent la prendre à la fois.

> » Le maréchal de France, pair de France, commandant en chef l'armée expéditionnaire d'Afrique
> » Comte de BOURMONT. »

Le maréchal n'avait plus qu'à attendre l'arrivée de son successeur, le général Clausel.

Le 2 septembre 1830, un bâtiment de l'armée navale mouillait en rade d'Alger, amenant le nouveau commandant en chef de l'armée d'Afrique. Le même jour, le maréchal de Bourmont remettait à son successeur le commandement, et adressait à l'armée son dernier ordre du jour :

« Monsieur le lieutenant général Clausel vient prendre le commandement en chef de l'armée. En s'éloignant des troupes dont la direction lui a été confiée dans une campagne qui n'est pas sans gloire, le maréchal éprouve des regrets qu'il a besoin de leur exprimer. La confiance dont elles lui ont donné tant de preuves l'a pénétré d'une vive reconnaissance; il eût été heureux qu'avant son départ, ceux dont il a signalé le dévouement en eussent reçu le prix; mais cette dette sera acquittée; le maréchal en trouve la garantie dans le choix de son successeur; les titres qu'ont acquis les militaires de l'armée d'Afrique auront désormais un défenseur. »

Le maréchal ayant ainsi rempli jusqu'à la fin son devoir militaire, s'apprêtait à partir pour rejoindre le Roi. Le lieutenant général duc des Cars se joignit à lui ainsi qu'un grand nombre d'officiers qui tous refusaient de prêter le serment exigé par le nouveau gouvernement. Le général Clausel fut parfait de tact. Il déclara que, respectant leurs volontés, il les autorisait à partir et leur facilita le départ avec la meilleure grâce du monde. Le général Berthezène restait; le vieux soldat napoléonien ne cachait pas son émotion, et c'est en pleurant qu'il prit congé du duc des Cars. Celui-ci partait sur un bâtiment de commerce avec ses officiers d'ordonnance, ses gendres, les ducs de Lorge et de Tourzel, pour Gibraltar et l'Angleterre.

La situation du maréchal était difficile. Ses anciens collègues du ministère Polignac étaient en fuite ou en prison ; le général Gérard lui avait laissé entendre que, n'ayant pas signé les Ordonnances, il ne se trouvait pas sous le coup d'un mandat d'arrestation, qu'il valait mieux attendre en territoire neutre la suite des événements. Décidé à briser sa carrière plutôt que de servir Louis-Philippe, Bourmont résolut de partir pour Londres pour rejoindre le Roi. Cependant, pour ne pas créer de difficultés au général Clausel qui s'était montré d'une parfaite courtoisie à son égard, il prétexta des conseils du général Gérard pour se rendre d'abord à Mahon.

Il informa Gérard de son projet, et demanda à l'amiral un bâtiment pour gagner les Baléares. Sa demande bien naturelle offrit à Duperré l'occasion de prendre congé de lui ; il le fit en refusant au maréchal le transport sous pavillon français.

L'ancien commandant en chef s'inclina sans un mot d'amertume. Dans le port, il trouva, après de pénibles recherches, un méchant petit brick autrichien l'*Amatissimo* qu'il nolisa à ses frais. Le 3 septembre au soir, il se rendit à bord, accompagné de deux de ses fils. L'aîné, Louis, était parti quelques jours avant qu'on apprît la révolution du 30 Juillet pour apporter au Roi les drapeaux conquis sur l'ennemi.

Les bagages du maréchal étaient si légers que deux marins suffirent pour les porter à bord. Le comte de Bourmont tint à les faire visiter par les autorités du port.

Un de ses fils avait sous le bras un petit coffret. Le commandant autrichien offrit de s'en charger. Le maréchal l'en remercia : « Ce que renferme ce coffret, quoique bien précieux pour moi, ne tentera la cupidité de personne. Voilà le seul trésor que j'emporte d'Alger. C'est le cœur du fils que j'ai perdu[1]. »

Le soleil se couchait sur la mer lorsque le brick mit à la voile. Sur le pont, trois hommes regardaient en silence ce qu'ils ne reverraient plus jamais, l'admirable spectacle qu'offraient la rade et la ville toute blanche, entourée des jardins qui s'étagent derrière elle jusqu'au sommet de la Bouzaréa. Les vaisseaux, majestueusement à l'ancre, rentraient les couleurs; dans l'air immobile, les salves

---

1. Le 20 novembre 1830, le *Sémaphore* contenait un article injurieux sur le maréchal de Bourmont; il prétendait que, d'après sa correspondance avec l'Espagne, il avait appris qu'à Malaga, l'équipage du navire sur lequel le maréchal s'était embarqué à Alger disait hautement que ses bagages avaient été considérablement réduits au moment de l'embarquement par la commission chargée de faire des recherches sur le scandaleux pillage de la Casbah.

Le capitaine G. Zaggriza, commandant le brick autrichien *Amatissimo*, sur lequel s'était embarqué le maréchal, ayant eu connaissance à son retour à Marseille de cet article, en fut tellement indigné que, pour prouver toute la fausseté des propos qu'on prétendait avoir été tenus par son équipage, il conduisit tous ses marins sans exception chez son consul, et fit, sous la date du 27 novembre, une protestation énergique, signée par tous, sous serment, déclarant l'article de toute fausseté. Le capitaine insista ensuite auprès du gérant du *Sémaphore* pour publier cette protestation; mais il ne put en obtenir l'insertion. Cette pièce est déposée à la Chancellerie du Consulat d'Autriche à Marseille.

Lorsque le corps d'Amédée de Bourmont arriva en France, les douaniers, évidemment eux aussi, suggestionnés par les calomnies répandues contre le maréchal, ouvrirent le cercueil de plomb pour y chercher des trésors (Comte Th. de Quatrebarbes. *Souvenirs de la campagne d'Afrique*, Paris, Dentu, 1831, p. 138, 141 et 142.)

réglementaires se mêlaient aux roulements des tambours. Le brick autrichien, dont le pavillon flottait à la corne salua les couleurs françaises, puis, la brise du soir se levant, gonfla ses voiles, il longea la côte, les batteries du Môle et les forts pour disparaître dans la nuit. Cependant une salve d'artillerie déchira l'ombre muette de ses feux et de son roulement. Les canons de terre, les mêmes qui, deux mois plus tôt, avaient tonné à Sidi-Ferruch, saluaient pour la dernière fois le vainqueur d'Alger partant pour l'exil.

ANNEXE

LE PREMIER DRAPEAU

(Archives de la Guerre, Algérie, *Correspondance*, avril-juin 1830.)

Puisqu'il est question ici de rétablir la vérité historique, il ne sera pas inopportun de parler des matelots Siou et Beunon[1], signalés par le *Moniteur* du 10 juillet 1830, comme ayant arboré les premiers le drapeau français sur la tour de Sidi-Ferruch. Ces deux marins sont cités, il est vrai, dans le rapport de l'amiral Duperré, mais il n'en est nullement question dans le rapport adressé par le général de Bourmont, au prince de Polignac. D'après deux documents officiels, appartenant l'un au dépôt de la guerre, l'autre au dépôt des fortifications, ce sont les mineurs du 1er régiment du génie, aidés des grenadiers du 37e qui, les premiers, ont fait flotter le drapeau sur la tour de Sidi-Ferruch[2]. Le fait de deux marins

1. Et non pas Sion et Brunon. L'orthographe adoptée ici est celle du rapport du vice-amiral Duperré au ministre de la Guerre, en date du 23 juin 1830. (Voir Chasseriau : *Vie de l'amiral Duperré*, Annexes, LXXXI, p. 448.)

2. *Historique du 37e de ligne* (D. G.). — Notice sur les travaux exécutés par la compagnie de mineurs du 1er régiment de génie, pendant son séjour à Sidi-Ferruch. (Archives du Dépôt des Fortifications.)

apparaissant subitement au haut de la tour est d'autant plus inexplicable qu'on se demande comment ces deux hommes ont pu pénétrer *seuls* dans un fort fermé et barricadé, dont il fallut enfoncer la porte! La vérité probable est que ces deux marins se sont trouvés mêlés aux mineurs et aux grenadiers du 37e, qu'ils ont pénétré avec eux dans la tour, et les ont puissamment aidés, vu leurs connaissances spéciales, à hisser le drapeau sur le sommet du marabout.

Par contre, l'*Aviso de Toulon*, cité par le *National* du 16 juillet (n° 195), donne la version suivante : « C'est le nommé Sion, chef de la grand'hune de la *Thétis*, qui est entré le premier dans le fort de Torre-Chica. Le premier et seul pavillon français qui ait été arboré sur ce fort y a été porté, d'après l'ordre donné par M. Lahyrle, lieutenant de vaisseau, par M. Barius, enseigne de vaisseau, qui, dans cette circonstance, fut accompagné par M. L. Gaidan, volontaire de la marine. Ce pavillon appartenait au petit canot de la frégate, et flotte depuis sur le fort de Torre-Chica. Ce fait fut l'objet d'un rapport adressé à M. le capitaine Lemoine, commandant la frégate la *Thétis*, par M. Lahyrle, lieutenant de vaisseau, second de ladite frégate, qui dans la journée du 14, a eu les embarcations de la *Thétis* sous son commandement pour coopérer au débarquement des troupes. »

Où est la vérité?

Au fond, tout cela n'a pas grande importance, puisque, si l'on veut attacher du poids à ce geste symbolique du premier drapeau flottant en Afrique, les armées de terre et de mer furent simultanément à l'honneur, lorsque le pavillon du grand canot de l'*Algésiras* toucha terre en même temps que le fanion des carabiniers du 4e léger.

Et le plus beau de tous les drapeaux n'est-il pas celui qui le premier fut arboré sur le fort l'Empereur par nos troupes, et qui n'était autre chose que la chemise d'un grenadier nouée à la branche calcinée d'un palmier.

NOTICE BIBLIOGRAPHIQUE

Il m'a semblé inutile de dresser une bibliographie complète de la conquête d'Alger, d'abord parce que celle de M. Esquer est un modèle du genre. Je n'indiquerai donc que sommairement les sources auxquelles j'ai puisé.

Les principaux *manuscrits* sont naturellement aux Archives des Affaires Étrangères (Algérie), de la Guerre (Algérie, correspondances et journaux de marche des divers régiments), aux Archives nationales (Boutin), et à celles du Gouvernement général de l'Algérie et du *Public Record Office* de Londres. La correspondance des deys d'Alger et beys de Tunis a été publiée jadis par Plantet, le journal du consul britannique Saint-John et quelques-unes de ses dépêches par Playfair (*The Scourge of Christendom*).

Parmi les pièces d'archives, j'ai porté une attention particulière à un manuscrit des Archives de la Guerre intitulé : *Historique de la campagne de 1830*. Écrit par des officiers anonymes de la section historique du ministère de la Guerre, il est l'œuvre de militaires doublés d'historiens très consciencieux. Des documents personnels ou privés, comme ceux que M. le duc des Cars a bien voulu me communiquer, m'ont permis de combler quelques lacunes, notamment en ce qui concerne la première partie de la bataille de Staouéli et les combats sur le plateau de Sidi-Khalef, avant l'attaque du 29 juin.

J'ai traité plus en détail le côté militaire de l'expédition : préparatifs, composition de l'armée, navigation et opérations en Algérie; ce sujet qui m'intéresse personnellement ayant été souvent laissé volontairement un peu dans l'ombre. Et cela se conçoit. Rien n'est plus aride et difficile à clarifier que le récit d'une bataille, sauf lorsque Stendhal....

Aux *Imprimés*, figurent les *Histoires de la conquête* d'Alfred Nettement, C. Rousset, Le Marchand, Esquer et Gautherot, ainsi que les remarquables travaux de M. Augustin Bernard. Le premier de tous, Nettement, joint à une grande probité historique l'avantage d'avoir vécu cette époque, d'en connaître les acteurs principaux et de les avoir interrogés. Son récit est admirablement renouvelé et complété par la prise d'Alger d'Esquer et ses multiples études algériennes. Gautherot, l'historien du maréchal de Bourmont, a apporté des inédits tirés des archives Bourmont dont il n'est pas besoin de souligner l'intérêt.

Les Mémoires du temps ne manquent guère; encore faut-il les contrôler avec soin. Il y en a d'amusants, de romantiques; certains se ressentent des rivalités et antipathies inévitables entre hommes que la politique a divisés. Nous avons cité, au cours de ce travail, les souvenirs et papiers des généraux Berthezène, Desprez, Loverdo, Valazé, de l'intendant en chef Denniée; puis ceux des colonels Bartillat et Petiet, des chefs de bataillon Fernel et Préaux, des capitaines Pélissier (le futur maréchal), Barchou de Penhoen, Perrot, Pellissier de Raynaud, Allut, Rozet, des lieutenants de Quatrebarbes, Coriolis d'Espinouze, Ault-Dumesnil; des officiers de marine Kerviler, Réveillé de Beauregard et Sarlat; ceux du peintre Gudin, du journaliste Jal, de l'interprète Bianchi, des aumôniers Dopigez et Sève, du secrétaire Merle....

Pour les premiers grands rôles politiques, nous renvoyons aux *Études historiques* du prince de Polignac, aux *Mémoires* de Villèle, du maréchal Marmont, de Guernon-Ranville, Hyde de Neuville et du baron d'Haussez.

La presse, et pour cause, n'apporte à l'Histoire que le témoignage des luttes entre partis politiques.

Hors de France, deux livres, en allemand, sont d'un intérêt particulier. L'un, rarissime de nos jours, est de Simon Pfeiffer, esclave et médecin du Khaznadji; l'autre, du prince de Schwarzenberg, attaché militaire autrichien. L'éditeur du journal de Saint-John, Playfair, a publié une *Bibliography of Algeria* où l'on trouvera de nombreuses et utiles indications.

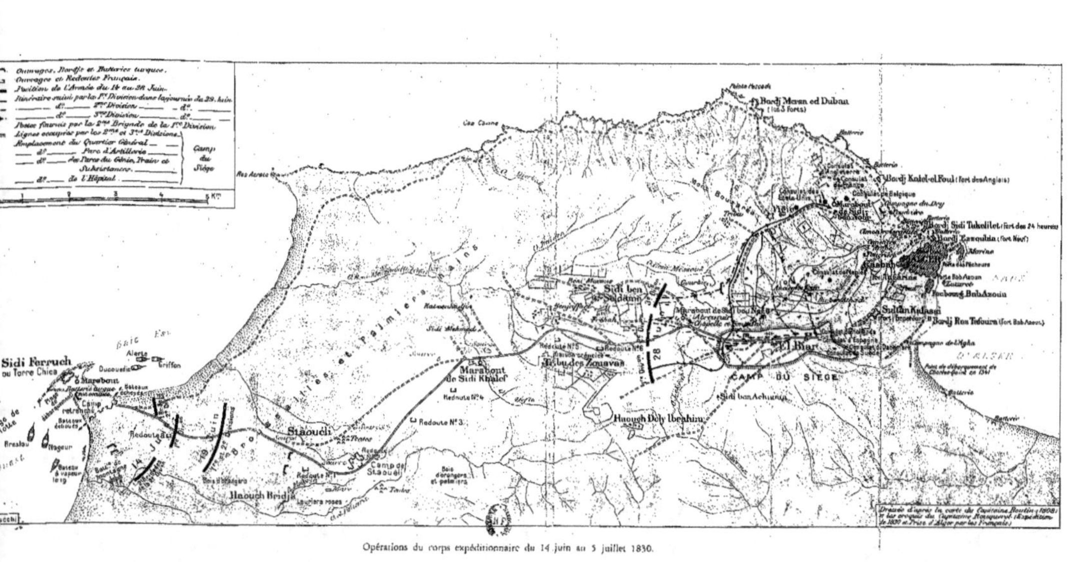

Opérations du corps expéditionnaire du 14 juin au 5 juillet 1830.

TABLE DES MATIÈRES

CHAPITRE IX

LE DÉBARQUEMENT A SIDI-FERRUCH

CHAPITRE X

LA BATAILLE DE STAOUÉLI

CHAPITRE XI

COMBATS DE SIDI-KHALEF

CHAPITRE XII

LE FORT L'EMPEREUR

CHAPITRE XIII

PRISE D'ALGER

CHAPITRE XIV

LENDEMAIN DE VICTOIRE

COULOMMIERS
IMPRIMERIE
PAUL BRODARD
13628-1-30